SURVIVANT
DES RÉSEAUX SOCIAUX

Avec la collaboration de Mathieu Le Maux
Conception graphique : Christophe Petit
Photo de couverture : © Damien Straker

Département de Hugo Publishing
34-36, rue La Pérouse
75116 Paris
www.hugopublishing.fr

ISBN : 9782755699883
Dépôt légal : octobre 2022
Imprimé en Espagne par CPI Black Print

JEREMSTAR

SURVIVANT
DES RÉSEAUX SOCIAUX

Hugo Doc

À Mavachou, Polina, Marie... et toutes ces victimes
que le harcèlement a tuées.
À toutes celles et ceux qui souffrent
mais qui survivront.

Avant-propos

« Jeremstar le gros pédo », « sale pédé », « pédophile notoire », « tapette », « violeur d'enfants », « partouzeur », « racoleur de mineurs », « proxénète », « tu vas le payer »... La liste des messages de haine, d'insultes et d'intimidation publiquement proférés sur Internet à mon encontre, ou qui me sont directement adressés chaque jour, est aussi longue que le cauchemar dans lequel je suis plongé depuis bientôt cinq ans. Il suffit de taper mon nom sur n'importe quel réseau social, en premier lieu Twitter – ce nid de harceleurs et de cyberagresseurs – pour s'en apercevoir... Tout a commencé en janvier 2018 quand a éclaté la sordide affaire dite du « Jeremstar Gate ». Depuis, c'est pire. De nouvelles polémiques sont nées, de nouveaux drames se sont noués, de nouveaux procès se sont déroulés. Depuis, ma vie est un enfer constant.

Ce que vous ne savez pas, parce que je ne l'ai jamais raconté dans le détail jusqu'à présent, ce sont les agressions verbales et physiques dont je suis aussi victime *in real life*, comme ce jour où un homme tout juste sorti de prison, et se proclamant djihadiste, m'a violemment pris en otage tandis que je me promenais tranquillement dans un parc parisien avec une amie.

Ce que vous ne savez pas, ce sont les menaces d'attentats qui planent sur la tournée de mon spectacle, les lettres anonymes qui m'annoncent une mort prochaine, l'interphone de mon domicile qui sonne au beau milieu de la nuit, les seringues ensanglantées découvertes un matin dans ma boîte aux lettres – imaginez la scène et mon angoisse...

Ce que vous ne savez pas, c'est que depuis le déclenchement du « Jeremstar Gate », dont j'ai été innocenté en juin 2021 après une longue et destructrice procédure, les attaques, les plaintes et les polémiques déclenchées à mon encontre continuent de pleuvoir. C'est un harcèlement permanent, une guérilla anti-Jeremstar, une vendetta orchestrée par des gratteurs, des nuisibles, des parasites, d'anciens membres toxiques et cupides de mon entourage, des paparazzis et même des « journalistes » – j'emploie les guillemets, car ils ne méritent clairement pas ce titre et font honte à la profession. Tous cherchent à me nuire mais aussi à s'enrichir, à gagner des followers, à acquérir une notoriété par tous les moyens, à exister aux yeux du monde et à se faire un nom en usant et abusant du mien.

Bienvenue dans l'univers impitoyable des réseaux sociaux, ce monde 2.0 où l'algorithme peut propulser n'importe quel décérébré. Instagram, Snapchat, Tiktok sont devenues de nouvelles plateformes de « travail » pour gens paumés, accrocs à la notoriété, obsédés par le fric facile, Dubaï et sa superficialité. Bienvenue dans l'*open space* du *no limit*.

Depuis quatre ans donc, ma vie est un drame continuel, sans répit. Un tunnel judiciaire dont je ne vois pas le bout. Une existence angoissante rythmée par des interrogatoires parfois musclés, parfois lunaires, à la police judiciaire, par des rendez-vous et des échanges quotidiens avec mes avocats (j'ai dépensé plus de 200 000 euros d'honoraires pour rétablir mon honneur), par des procédures qui n'en finissent pas, des procès et des témoignages à la barre qui me glacent le sang et m'empêchent de dormir.

Ce que vous ne savez pas, c'est que je vis dans la peur, la violence et la honte. Dans la peur d'allumer mon téléphone le matin et de devoir encaisser une énième insulte, de découvrir une énième accusation, d'être associé à une énième polémique. Dans la violence de toutes ces attaques qui sont autant de meurtrissures psychologiques que de coups de poing envoyés en pleine figure. Et dans la honte parce que j'ai beau clamer et prouver mon innocence, la vague est telle, et la suspicion est si forte, que j'en arrive à vivre dans la peau d'un coupable que je ne suis pas.

Beaucoup se disent : « Tiens, on ne le voit plus ! Il n'est plus à la télévision. Il devient quoi ? » Eh bien je me bats ! On a voulu m'asphyxier. M'éteindre. Me tuer. Je suis un survivant des réseaux sociaux, du harcèlement. Je suis un survivant d'une tentative d'homicide des temps modernes. Mais aujourd'hui, si je crains toujours la vindicte, je n'ai plus peur de parler, de raconter. Je reste debout pour faire face aux intimidations et aux tentatives de buzz de mes ennemis, de cet univers ignoble et putassier qu'est celui de l'influence et du show-biz. Je ne vais pas fuir à Dubaï. J'aime mon pays. Je paie mes impôts – et j'en paie beaucoup. J'aimerais donc que mon pays me protège ! Or je considère aujourd'hui que mon honneur n'a pas été rétabli. Tout est encore visible sur Google, les gens se souviennent encore en mal de tout ce qu'il s'est passé autour de moi : il est facile d'être sali, mais beaucoup plus long et beaucoup plus difficile d'être réhabilité. Pour lutter, j'ai donc décidé d'écrire.

Le livre que vous tenez dans les mains est ce qui me maintient en vie, l'objet grâce auquel je ne vais pas me suicider quand d'autres l'ont fait et ne peuvent plus parler. Alors aujourd'hui, je ne « huuuuurle » plus. En tout cas, plus comme avant. Cette expression qui était ma signature et m'a rendu célèbre se voulait drôle, joyeuse, sarcastique, insouciante. C'était le gimmick du personnage de Jeremstar. Désormais, c'est le signal d'alarme de Jérémy Gisclon.

Ce livre est un appel au secours. Un coup de pied dans la fourmilière juridique et médiatique. Un message à la justice bien trop lente, qui me délaisse et me met en danger en faisant traîner mes dossiers. Un cri d'alerte envers les médias qui font leurs gros titres à chaque fois qu'un pseudo-scandale éclate, perpétuant les amalgames, mais restent bien trop silencieux quand on m'innocente. Un coup de gueule contre le tribunal Twitter qui, à chaque décision de justice tournant en ma faveur, argue que ma notoriété m'a permis d'être pistonné, que des personnalités puissantes et hauts placées ont interféré en ma faveur. D'autres lâches anonymes avancent même que j'ai soudoyé les juges, que je les ai payés. Alors non, sachez-le, cela ne marche pas comme ça ! Au contraire même, être connu porte plutôt préjudice parce que, selon sur qui l'on tombe, selon que la personne aime ou non ce que je fais, cela peut ralentir mon dossier ! Aujourd'hui, j'ai même l'impression qu'on me tape dessus encore plus fort, avec une violence inouïe, à chaque fois que je parle. Comme si je n'avais pas le droit de me défendre, comme si je n'avais plus le droit de m'exprimer, comme si je n'avais plus le droit d'exister. De respirer. De vivre.

Dans ce livre, je veux hurler à la terre entière des faits d'une extrême gravité, raconter ma vie détruite, révéler qu'on a tenté de « canceliser » mon existence. Et décrire une réalité bien plus triste que lorsque je commentais l'actualité de la téléréalité, avec laquelle j'ai pris beaucoup de distance, et un quotidien bien plus douloureux que ce que je montre sur mes réseaux sociaux, où j'essaie tant bien que mal de renouer avec la légèreté, la fantaisie et l'humour qui me caractérisent, la bienveillance en prime.

Je veux rétablir la vérité, raconter les coulisses de ma vie que je considère gâchée, avec ce sentiment tenace que toutes ces histoires, ces rumeurs et ces insultes me poursuivront jusqu'à ma mort, quoi que je fasse. Ma communauté ignore tout de ce que je vis, elle ne sait pas que tous les trois matins, il me tombe des torrents de boue sur la tête. On me dit souvent de fuir les réseaux sociaux. De ne pas lire les messages, d'ignorer ce que l'on dit de moi. Mais non ! Non ! Je ne veux et ne peux pas les fuir ! Car les réseaux sociaux sont mon lieu de travail, ce que peu de personnes comprennent. Quand on me rétorque cela, j'apporte toujours la même réponse : « Si quelqu'un débarquait tous les matins dans votre bureau ou au milieu de votre *open space* et vous injuriait devant tous vos collègues, vous quitteriez les lieux ? Vous laisseriez faire ? Vous démissionneriez ? » La réponse est toujours la même : non. Eh bien, moi, c'est pareil !

Je veux aussi raconter mon combat judiciaire et pointer du doigt la lenteur et les dysfonctionnements de la justice. Certaines affaires ont mis quatre ans à être jugées. Quatre ans ! Je veux montrer ma détresse face à toutes ces procédures dans lesquelles j'ai été plongé et raconter à quel point de nombreux acteurs de la justice sont totalement déconnectés et totalement ignorants des faits divers du Web. Est-ce imaginable que des gens sérieux, cultivés, intelligents puissent se montrer aussi peu avertis des actes de cyberagressions et de leurs conséquences ? Est-ce imaginable qu'on ait pu me balancer en pleine figure que je l'avais bien cherché, que c'était mérité vu mon passé « trash », que j'assume totalement par ailleurs ? Est-ce imaginable que ces gens puissent penser que je dramatise ? Est-ce imaginable que d'un tribunal à l'autre, on traite mon cas différemment ? Ce n'est pas qu'imaginable, c'est vrai. Je l'ai vécu, c'est comme une double peine. Je suis donc en colère contre la justice. Et je ne vais pas me priver de le dire.

J'ai la chance de bénéficier des conseils et du suivi d'excellents avocats. Mais il ne faut pas se leurrer : tout cela a un prix, moral et financier. Je n'ai pas fait d'études de droit mais comme je me suis investi à corps perdu dans toutes les procédures, je pense que je pourrais quasiment passer le barreau ! Je ne plaisante qu'à moitié. Et tout cela a surtout un coût colossal. On parle de sommes à six chiffres. Je fais le constat, à mon détriment, que si l'on veut se défendre et obtenir réparation, il faut en avoir les moyens ! Être riche. Sachez que ma survie, je l'ai payée. J'ai acheté le droit de ne pas me suicider.

Je veux dénoncer les mensonges et les calomnies, m'attaquer au fléau du cyberharcèlement et par ce témoignage m'élever en porte-parole (j'ose le dire !) contre les agressions numériques, qui font beaucoup de dégâts, que l'on soit une personnalité connue ou non. Je veux que mon histoire et mon témoignage permettent d'ouvrir un large débat, que les médias et le grand public prennent conscience de la dureté des réseaux sociaux et des immondices qui s'y propagent. Je veux que ce livre apporte aussi un message d'espoir adressé à toutes les victimes du harcèlement. Je veux leur dire qu'on peut s'en sortir, qu'on peut lutter. Je veux leur redonner confiance, leur donner les clés et presque un « mode d'emploi » pour y survivre. Je veux leur dire que si j'y arrive, elles aussi le peuvent.

Dans ce livre, enfin, je veux expliquer à quel point les attaques répétées, qu'elles soient individuelles ou se manifestent en meute, font littéralement péter un câble. Et que ce sont des agressions caractérisées. Ce ne sont pas des coups de poing physiques qui marquent la peau ou font couler du sang mais mon âme et mon cœur saignent, eux, en revanche chaque jour.

Je suis un survivant des réseaux sociaux. Mais aussi un survivant de la téléréalité, cette machine qui m'a littéralement broyé.

Vous pensiez tout savoir sur ce monde odieux, vous en étiez encore bien loin. Je vais vous ouvrir les pages d'un journal intime que je n'avais jusqu'alors jamais dévoilé. Parce que vous devez savoir les choses une bonne fois pour toutes.

Chapitre 1

LE GRAND PROCÈS

Vendredi 25 mars 2022, 13 h 10.
Nouveau tribunal de Paris, XVIIe arrondissement

Je suis en avance au premier grand rendez-vous judiciaire de ma vie. Quand bien même le trac me brûle les veines et me tord les boyaux, quand bien même l'angoisse met mon corps et mon cerveau sens dessus dessous. Je tue le temps et tente d'évacuer le stress en faisant frénétiquement les cent pas sur le parvis glacial de ce bâtiment moderne. Cette enfilade de trente-huit étages aux parois vitrées, froides et austères, s'élève dans un ciel d'une blancheur sale tel un totem menaçant en surplomb du périphérique. Flippant. On est loin du charme patrimonial du vieux Paris, du Palais de

Justice de l'île de la Cité et de son aura solennelle, de son cachet architectural fait de pierres et de moulures qui rend ce morceau d'histoire de la France un minimum humanisant et un tant soit peu cajolant, dans des moments aussi difficiles. Ici, rien de tout ça. Et le quartier alentour, ses immeubles aux façades laides et ses rues sales, est d'un glauque... C'est moche. Intimidant. Limite hostile. J'en grelotte. De froid et d'effroi. Les aléas de ma vie chahutée ne m'épargnent décidément rien. Et c'est donc dans cette atmosphère sordide, dans ce building sans âme digne de la Défense, que va se jouer la première grande étape de mon marathon judiciaire, entamé il y a déjà quatre ans.

J'ai froid et paradoxalement, à l'intérieur, je bouillonne. J'attends ce moment depuis des années. J'ai même cru qu'il n'arriverait jamais. Je tiens à être présent aux côtés de mon avocate. Je veux parler, raconter le cauchemar dans lequel je suis plongé. J'ai besoin d'hurler, de pleurer et de me faire entendre à la barre. C'est mon épreuve la plus douloureuse, le combat de ma vie auquel s'ajoute la peur de croiser celui par qui tout le mal est arrivé. Dans quelques minutes, je mettrai donc pour la première fois les pieds dans un tribunal, dans l'une des quatre-vingt-dix salles d'audience de ce lieu qui m'angoisse déjà, précisément la dix-septième chambre correctionnelle, connue pour se prononcer sur les plaintes en diffamation et injures publiques. J'irai défendre ma cause, je déballerai ce que j'ai sur le cœur et dans les tripes, je crierai mes tourments. Dans quelques minutes, mais je ne le sais pas encore – mon avocate n'a pas eu l'info au préalable – je serai surtout, pour la première fois, confronté à mon cyberagresseur. Au mec qui a détruit ma vie. À celui qui a tenté de me tuer de manière numérique. Le 14 janvier 2018, Aqababe, de son vrai nom Aniss Zitouni, blogueur d'alors dix-neuf ans en mal de notoriété dans le monde de la téléréalité, a jugé malin et utile de dévoiler une vidéo de moi, adolescent, en train de me masturber. Un acte pour lequel la justice ne lui fera qu'un simple rappel à la loi, une sanction extrêmement faible qui me paraît totalement hallucinante. Puis il déclenche, deux jours plus tard, la terrible affaire du « Jeremstar Gate »[1], proférant des tonnes d'injures homophobes et dégradantes à mon égard, organisant une odieuse campagne de dénigrement à longueur de posts, de lives et de stories sur toutes les plateformes numériques possibles, orchestrant durant des

1. Le 5 janvier 2022, Babybel, pseudonyme de Pascal Cardonna, a été condamné à deux ans d'emprisonnement, dont 18 mois avec sursis, pour agression sexuelle sur mineur. D'abord accusé de complicité, Jeremstar a très vite été blanchi par l'enquête policière, entendu comme simple témoin.

semaines cette cabale incessante qui sera le début de ma descente aux enfers. Ce jour-là, je suis devenu un pédophile, un violeur d'enfant, un corrupteur de mineur, un rabatteur, un complice de crimes... Je suis devenu le pire monstre que la Terre ait connu.

C'est donc bien peu de dire que j'appréhende cette après-midi cruciale durant laquelle se rouvrira la malle aux cauchemars. Oui, je suis combatif. Mais aussi terriblement angoissé. J'ai la boule au ventre à l'idée de me replonger dans tout cela. Oui, j'ai l'énergie d'un boxeur prêt à monter sur le ring après des mois d'entraînement, impatient de voir enfin cette affaire traitée au sein d'un tribunal, face à des juges – des vrais, pas ceux du tribunal populaire des réseaux sociaux – trépignant de rétablir la vérité, de vider mon sac, de laver mon honneur et ma réputation. De voir mon statut de victime affirmé. Et que justice soit faite, en attendant les autres affaires en cours, et pour qu'un nouveau chapitre de ma vie, lavé de tout soupçon, puisse enfin s'offrir à moi.

Mais en attendant, des questions autrement plus terre-à-terre me paralysent le cerveau et accentuent mon stress. Sera-t-il là ? Et quelle attitude adopter en sa présence ? Faut-il dire bonjour à son agresseur ? Doit-on longer les murs et se planquer derrière des lunettes de soleil pour éviter tout échange ? Vous savez, je suis tellement bien élevé et tellement humain que sans le faire exprès, j'en viendrais presque à le saluer. Je n'en ai aucune envie, pour rien au monde, mais voilà, dans ce genre de circonstances, on ne sait pas comment on réagit... Mon avocate m'a prévenu : « Pas d'insulte, pas de doigt d'honneur, hein ? » Je pourrais le faire, remarquez, dans un élan de détresse, mais quand même, ce n'est pas moi... Quoi qu'il en soit, je ne sais pas comment me comporter. Malaise. Quel stress ! Et quel paradoxe ! Je suis la victime, il est l'accusé, mais c'est moi qui suis mal à l'aise à l'approche de ce procès.

Tandis que je tourne en rond sur le parvis comme un lion en cage, à deux doigts de devenir fou, guettant l'arrivée de mon cyberagresseur et le confondant avec un passant sur deux parmi la dizaine de personnes qui déambulent au pied du tribunal, je m'aperçois que certaines me reconnaissent. Craignant d'être pris à partie, filmé et diffusé sur les réseaux sociaux avec un commentaire horrible (eh oui, j'en suis devenu parano), je m'isole sur un banc, à l'écart. Je souffle un peu. J'échange quelques messages avec ma mère via WhatsApp. Elle me soutient depuis toujours dans ces histoires, je me confie beaucoup à elle. C'est peut-être la seule personne en qui j'ai confiance au monde (avec mon père), elle qui sait toujours rester discrète et qui ne me trahira jamais. Elle est très triste de me voir si mal ces dernières années, alors elle m'encourage comme elle le peut, parfois maladroitement : « De toute façon, le tribunal, c'est du théâtre, il faut en faire des caisses, c'est une scène ! » Je lui rappelle que je n'ai pas besoin d'en faire des caisses, justement. Parce que mon histoire, je l'ai dans la peau, et que ma souffrance est tellement sincère qu'il n'est même pas question de surjouer ou de faire dans la surenchère. Au contraire, il sera même plutôt question de contrôler mes émotions. De retenir mes larmes. Ses messages m'arrachent un sourire. Elle confond les protagonistes. Impossible de lui en vouloir, c'est tellement compliqué.

— Du coup aujourd'hui, c'est le Annoir là qui est jugé ?

— Non, Maman, lui il a déjà été jugé il y a quelques mois car il avait déposé une fausse plainte pour viol contre moi à la demande d'un paparazzi.

— Ah oui, je confonds, y en a tellement...

— Là, c'est Aqababe, tu sais, celui qui a lancé la toute première polémique sur moi...

— *Ah oui ! Je ne m'en sors plus dans tous ces pseudos…*

Discuter avec elle me fait du bien. Je fais soudainement ce constat amer : je suis seul. Désespérément seul. Mon avocate arrivera bientôt – c'est son boulot. Un journaliste du *Figaro* sera présent – il sera le seul. Ce n'est pourtant pas faute d'avoir convié la presse, d'ordinaire très friande de mes mésaventures. Mais il faut croire que quand je suis celui qui « attaque », j'intéresse beaucoup moins les chasseurs de scoops et les vautours se délectant d'infos sensationnelles. Je suis d'un naturel solitaire, mais tout de même… Le soutien d'un proche ou d'un parent me serait bien utile dans un moment pareil, l'un des plus importants de ma vie. Le peu de mes amis n'a pu se déplacer. Ils travaillent ou ne sont pas à Paris. Avec plus de 2 millions d'abonnés, je n'ai même pas réussi à trouver UNE personne pour me tenir la main. Bon, en même temps, je n'allais pas passer une petite annonce, hein… Ça parait dingue mais je n'ai trouvé personne pour m'accompagner. D'ailleurs, le journaliste présent, je ne l'ai pas appelé pour qu'il écrive un article, mais simplement pour qu'il soit là, pour avoir une présence. Mon avocate sera là, oui, mais elle fera son travail, plongée dans les innombrables pages et pièces du dossier. Des pages d'insultes et de calomnies à n'en plus finir...

Assis sur ce banc, ma solitude en bandoulière, traversé par mille émotions, mille pensées et mille souvenirs douloureux, je fais aussi la liste de mes ennuis, personnels et judiciaires, qui ont suivi la déflagration du « Jeremstar Gate ». Je n'en reviens pas à quel point elle est longue. C'est un bourbier dans lequel je perds parfois moi-même le fil, les affaires s'imbriquant les unes aux autres, les protagonistes aux desseins pernicieux surgissant de toutes parts, souvent de là où je m'y attends le moins. J'y reviendrai, mais voyez plutôt. Et accrochez-vous. Dans le sillage des révélations *fake* d'Aqababe qui déclencheront deux procédures (l'une pour diffamation et injures publiques donc, et une autre pour harcèlement, toujours en cours), j'ai été soupçonné d'avoir fermé les yeux sur les agissements écœurants de Babybel, et même d'avoir alimenté un réseau de proxénétisme pédophile. Ce fut violent et douloureux mais j'en suis sorti blanchi. Par ricochet, j'ai été accusé de complicité et visé pour corruption de mineurs par un faux plaignant, Annoir S., qui s'est ensuite rétracté et a avoué avoir menti à la demande d'un paparazzi. Il est d'ailleurs, ironie du sort aujourd'hui en prison !

Rappelons que je n'avais jamais vu ce mec de ma vie. J'ai porté plainte. Procès. Un magazine people, *Public,* a fait ses choux gras de mes déboires, de manière éhontée, titrant en une que j'étais à la tête, je cite, d'un « réseau pédophile ». Plainte. Procès. Un « journaliste » a publié un livre discriminatoire autoédité sur Internet, aucun éditeur sérieux n'ayant osé se fourvoyer dans son entreprise de destruction tant les allégations étaient douteuses et infondées. Plainte. Procès.

Je ressasse tout cela quand mon avocate arrive enfin, interrompant ce démoralisant flash-back. Cette fois, on y est. Impossible de reculer. Nous nous dirigeons vers le tribunal. Nouvelle montée d'angoisse. J'ai beau ne pas apercevoir celui que j'attaque en justice aujourd'hui, je ressens sa présence. Partout. Dans le hall d'entrée, à la fouille, dans l'ascenseur, dans les couloirs. J'ai l'impression d'être l'avatar d'un jeu de survie dans lequel l'ennemi peut surgir à tout moment. C'est *Squid Game* au tribunal !

Je cherche la salle d'audience sur un grand panneau, comme à l'aéroport, sauf que là je ne prends pas l'avion pour un voyage de rêve, mais pour un retour en enfer. Arrivé au troisième étage, j'aperçois plusieurs personnes qui patientent devant la salle d'audience. Est-ce lui, là ? Non. Ah si. Ah non. Mon cerveau fait des bonds, mon cœur bat si fort qu'il est prêt à exploser. C'est lunaire, intenable. Qu'on en finisse ! À ce moment-là, je pense aussi aux familles des victimes de meurtriers, à leur cauchemar de devoir être confrontées à la personne ayant ôté la vie à leur être cher. Comme ce doit être l'enfer…

J'entre dans la salle du tribunal, à reculons, gêné, plus tétanisé que jamais. Je ne me suis pas encore assis, au dernier rang, près d'une des deux portes d'entrée, que mon sang fait trois tours. Il est là ! De dos, Dieu merci, assis vouté derrière ses avocates. Il porte une veste en « moumoute peluche » rose flashy. J'hallucine. Nous sommes dans un tribunal, il comparaît pour des faits gravissimes, il va prendre la parole et s'adresser à des juges, et le type se pointe habillé comme pour défiler à la Techno Parade !? Est-ce la preuve de son inconscience ? De son insouciance ? De son je-m'en-foutisme ? C'est incompréhensible. Mais je me dis tant mieux, à la limite. Le ridicule de son accoutrement, contrastant avec la gravité du moment, lui portera forcément préjudice. Il a beau faire son air de chien battu, pour rien au monde je ne serai pris de compassion. Sa présence me fait soudainement un peu moins peur. Je me détends, un peu. Sans doute parce que bizarrement, je me sens très vite extrêmement bien dans cette salle d'audience, censée susciter la crainte. Peut-être parce ce que je l'envisage comme une bulle de décompression, un refuge protecteur, une cellule au sein de laquelle je vais pouvoir m'exprimer. Et puis je ne m'attendais pas à ce « décor ». J'imaginais un lieu solennel et strict. Or on dirait une salle anodine d'un palais des congrès, agencée de ce mobilier neutre et plastique comme on en trouve dans un espace de coworking. Ou au rez-de-chaussée d'un hôtel de zone industrielle accueillant des séminaires d'entreprise. Seul le public présent dans la salle, visiblement des étudiants en droit, me perturbe un peu. Prendre la parole en public ne m'a jamais dérangé, bien au contraire, mais là, compte-tenu des faits et des circonstances, cela me met mal à l'aise.

Deux heures précèdent l'ouverture du procès de ma vie. Le défilé des affaires jugées ce jour par le tribunal me semble interminable, et tout me paraît tellement moins grave que mon histoire. Mais c'est instructif, je découvre le protocole d'un tribunal, j'apprivoise la mécanique d'un procès. Mes yeux et mon attention se tournent aussi régulièrement vers mon cyberagresseur, l'accusé. Le vrai. Je guette son attitude. J'observe, un peu comme quand on mate dans le métro en levant et baissant instinctivement les yeux, de peur d'être vu. Je le vois sortir et entrer de la salle comme dans un moulin – pour aller cloper, me dira le journaliste du *Figaro* se tenant à mes côtés. Il fait sa petite vie. À croire qu'il s'en fout.

Vient mon tour. Palpitations. J'avance machinalement de quelques rangs et m'assois derrière mon avocate. Cette fois, c'est physiquement inévitable : mon agresseur sera à quelques mètres, là, près de moi. Malgré mon émotion, je ne flanche pas. Ce serait lui faire trop d'honneur. Ce serait lui faire croire qu'il a un ascendant psychologique sur moi. Non. Je veux et je vais le pulvériser. Légalement.

C'est parti. La présidente du tribunal scande d'abord le nom de l'affaire : « Jérémy Gisclon, dit Jeremstar, contre Aniss Zitouni, dit Aqababe, pour diffamation et injures publiques à caractère homophobe aggravé. » Comme dit la chanson, c'est peut-être un détail pour vous, mais pour moi, entendre ces mots résonner dans le cénacle judiciaire, cela veut dire beaucoup. Il n'y a pas encore eu condamnation, je sais, mais rien que ça, c'est une première victoire, tout un symbole. Les intitulés exacts sont publiquement énoncés, et les camps sont officiellement marqués : je suis la victime, il est l'accusé. Ces mots ne sont plus que de simples lignes noyées dans la paperasse. C'est dit ! Haut et fort. Les choses sérieuses commencent. Enfin.

Il est le premier appelé à la barre. Il se lève mollement, nonchalant. Il passe à quelques centimètres de moi, sans un regard – encore une fois, Dieu merci. Il ferait presque peine à voir. Il décline son identité, l'air penaud. Son air de chien battu n'émeut pas la juge qui, comme le veut la procédure, rappelle d'abord ses antécédents judiciaires. Ensuite interrogé sur le montant de ses revenus, il dit que c'est variable, mais que son activité de blogueur lui rapporte entre 3 000 à 10 000 euros par mois. Je tombe des nues. Rendez-vous compte : cet individu qui s'est fait un nom dans le milieu de la téléréalité – grâce à moi, ou plutôt à mon détriment–, possède le train de vie d'un cadre supérieur ! Bon, point positif : il est solvable ! Et si le tribunal le condamne à de forts dommages et intérêts, ce que j'espère, il pourra payer. Mais j'hallucine. Il ne fait désormais aucun doute que le « Jeremstar Gate » lui a bel et bien servi de tremplin. Une aubaine qu'il a savamment et diaboliquement provoquée. Et malgré la polémique, mes plaintes, le procès, il s'en sort très bien, pour l'instant. Il en tire de gros profits. C'est effarant, non ? Comment quelqu'un de si malveillant peut-il gagner des sommes pareilles ? Comment un mec peut-il se gaver autant en ayant comme fonds de commerce la destruction de la vie des autres (je précise qu'il y a d'autres plaintes en cours contre lui pour des faits similaires) ? Je suis halluciné.

La juge entame ensuite l'énumération complète de toutes ses attaques, injures et calomnies diverses. Elle cite tout ! C'est une avalanche de boue. Une grenade dans un seau d'excréments qui éclabousse toute la salle. « Sale petit pédé que t'es ! Sale escort que t'es ! Oh, t'es dans la merde ! » ; « Tête de chips, là ! Mongole ! » ; « T'es un fou et t'es une pute à buzz » ; « Tu cherches à ce que je déclare ta vie, sale bâtard ! » ; « Toi, tu cherches à ce que je te fasse un film de cul, à toi et ton mec ! » ; « Je vais te faire du sale la vérité zarma », etc. Rien n'est oublié. Tout est lu intégralement. Cela prend une trentaine de minutes, c'est dire... Il faut pouvoir imaginer la scène, ces minutes durant lesquelles une juge de la République prononce de telles insanités. C'est affligeant. Et tellement bizarre, tellement irréel. Le décalage énorme entre la prestance d'une femme à la fonction si sérieuse et le fait de l'entendre dire ces mots crus pourrait rendre la situation hilarante si les faits n'étaient pas aussi graves. En mon for intérieur, c'en est aussi presque jouissif. Moi qui ai tant d'amertume envers la justice depuis toutes ces années, je me dis qu'elle fait enfin son travail ! Que le cycle de cette machine lente, lourde et broyeuse va tout à coup tourner en ma faveur. C'est ce que j'espère, en tout cas.

Soudain, les lumières s'éteignent. Dans le noir, la toile d'un écran se déroule, au fond de la salle. On se croirait au cinéma. Sans le pop-corn. Sans le plaisir du divertissement. À moins d'aimer les films d'épouvante. Car les vidéos diffusées sont pleines d'horreurs. On entend l'accusé m'insulter. On le voit, surexcité, visage exalté, en proie à la haine. Ses mots acerbes, abjectes, résonnent dans le tribunal. J'assiste comme tout le monde à un « spectacle » effroyable. Je le vis évidemment plus mal que quiconque puisque c'est de moi dont il parle... C'est glaçant. Je n'ai jamais revu ces séquences jusqu'à ce jour. Je suis consterné, bouleversé. La boule d'angoisse qui me remuait le ventre remonte jusque ma gorge. Cerveau saturé, émotions écrasées, je n'ai plus de mots. Je n'ai que les maux. Qui ressurgissent. Qui me serrent le cœur et me font pleurer, en silence. À la fin de ce déferlement ignoble mais que j'imagine nécessaire pour que tout le monde comprenne, grand silence. Un blanc qui en dit long. Toute l'assistance semble profondément choquée, comme si chacun venait enfin de réaliser la portée de ses propos, comme si chacun prenait enfin conscience de l'ampleur de cette affaire et de l'impact qu'elle a pu avoir sur la victime, en l'occurrence moi. Passé ce moment de consternation, chacun reprend ses esprits et remet le nez dans ses notes. Place aux questions. Je suis très impatient d'entendre ce qu'il a à dire pour sa défense. Sa voix tremble, incertaine. À ma grande surprise, il reconnaît très rapidement les faits. Que c'est violent. Qu'il est lui-même choqué. Qu'il en a honte. Mais il faut voir comment il s'y prend ! « Ouais j'avoue j'ai agi comme un bolosse à cette époque. Je voulais juste faire genre zarma. » Non mais allô !? Le mec s'adresse au tribunal comme à ses potes ! Incroyable... Et je m'interroge : joue-t-il ou est-il sincère ? Est-ce calculé ou spontané ? N'est-il pas en train d'amadouer les juges ? Parce qu'au fil de ses excuses, j'entends presque mot pour mot les explications formulées dans une longue lettre qu'il m'a adressée il y a quasiment un an, en avril 2021. Un mail dans lequel il cherche à se faire pardonner, larmoyant entre les lignes, expliquant qu'il a vécu une enfance douloureuse, qu'il a voulu se faire un nom par « besoin vital de s'en sortir » tout en se dédouanant de m'avoir qualifié de « pédophile », qu'il a été pris dans un tourbillon et un emballement médiatique, qu'il n'a pas su gérer cette notoriété tombée sur lui du jour au lendemain, qu'il s'est laissé influencer (un comble) par les faux témoignages qu'il a reçus, qu'il a appris de ses erreurs, qu'il a conscience d'être responsable mais pas coupable. Et que ceci, que cela. Blablabla... À la fin de son courrier, il me propose même une rencontre, pour discuter. Discuter ? Il est sérieux ? Mais pour qui me prend-il ? Une serpillière ? Et pour qui se prend-il ? Un mec au-dessus des lois ? Il croit réellement que je vais passer l'éponge en deux coups de cuillère à pot ? Je ne me suis évidemment pas laissé berner ni attendrir par ce qui n'est selon moi qu'une stratégie de défense, fourbe et perverse. Je n'ai jamais répondu, et encore moins accepté sa proposition. Non mais oh !

À la barre, il ajoute avoir lui-même été insulté à la suite de toute cette histoire (qu'il a déclenchée, hein), qu'elle a eu de terribles répercussions, au point de lui faire passer un séjour en hôpital psychiatrique. Je suis le seul à comprendre où il veut en venir ? Ce type est en train de nous dire que c'est lui la victime ! On rêve ! À qui pense-t-il faire avaler la couleuvre ? À qui pense-t-il faire croire que ce n'est pas ce qu'il a cherché ? Comment ose-t-il ? On nage en plein délire ! Dans SON délire. Et ce n'est pas fini...

Dans l'instant qui suit, il explique qu'il était fan de moi, que j'étais son modèle, et qu'il n'a fait qu'appliquer ma méthode via les conseils que je donne dans mon livre *Téléréalité : le manuel pour percer*. Je bondis ! À quel moment ai-je écrit que pour réussir, il fallait faire croire aux gens que quelqu'un était pédophile ? À quel endroit ai-je conseillé de lancer une campagne de cyberharcèlement contre quelqu'un pour parvenir à ses fins ? C'est dingue. Dingue ! Et la suite l'est encore plus, les débats atteignant un paroxysme de surréalisme au moment d'aborder l'origine précise de toute cette histoire, le pourquoi il s'en est si violemment pris à moi.

Lui : « C'est à cause du scoop qu'il m'a volé. »

La juge, désarçonnée : « Pardon ? Un scoop sur... ? Volé ? C'est-à-dire ? »

Lui : « Sur son blog, il a publié une de mes infos en me créditant, mais il a écorché l'orthographe de mon pseudo. Il a écrit Aquababe, avec un « U », au lieu de Aqababe, pour volontairement ne pas me faire de pub, pour que je ne sois pas référencé. »

Pour ceux qui n'ont pas suivi, et pour mémoire : non, vous ne rêvez pas ! Toute cette polémique, le déclenchement de sa haine, de ses mensonges et de ses cyberagressions sont nés... d'une coquille, d'un « U » ajouté à son nom dans un article publié sur mon blog. Toute cette guérilla part de là ! C'est là que je m'aperçois combien tout cela est ridicule. Quelle absurdité ! Quelle folie ! Ce qui est encore plus fou, c'est qu'en déclinant son identité, quelques minutes plus tôt, lui-même a prononcé son pseudo comme on dit « aquarium » ou « aquagym », avec ce U entre le Q et le A. Au tribunal, lui-même écorche oralement son nom ! Le monde à l'envers... Mon avocate le soulignera par la suite, décortiquant les règles d'orthographe et de prononciation de la langue française, obligée de rappeler, telle une prof de français, qu'après un Q, il y a un U. On en est là, oui. La juge est atterrée. Il y a de quoi.

C'est alors qu'elle m'appelle à la barre. Elle me connaît, au moins de nom, puisque c'est elle qui a jugé deux de mes précédents procès, les affaires *Public* et Annoir. Les décisions qu'elle a rendues m'ont vraiment déçu[2]. J'ai d'ailleurs fait appel. Je ne suis donc pas hyper confiant.

Peut-être n'a-t-elle pas pleinement conscience des répercussions que ces histoires scabreuses ont eu sur ma vie. Peut-être ne se rend-elle pas compte de ma détresse, de mon quotidien pourri, des coups que je prends continuellement dans la tronche, du cauchemar qui s'éternise. Puisque je n'ai pas été présent aux deux premiers épisodes judiciaires, elle n'a sans doute pas pris la mesure et la portée réelle du cataclysme. Elle ne sait pas combien je suis un homme brisé. Mais si je suis là, aujourd'hui, c'est justement pour le lui dire, pour le lui montrer. Ce témoignage, je l'aborde comme une séance chez le psy, moi qui n'en ai jamais consulté, en dehors des rendez-vous imposés sur réquisition judiciaire, des passages obligés pour faire valider des ITT, incapacités temporaires de travail, n'excédant jamais une vingtaine de minutes et ne permettant évidemment pas d'aborder le fond des choses. Sinon, je ne me suis jamais allongé sur un divan pour extérioriser les souffrances qui me rongent.

2. La directrice de la publication du magazine *Public* a été condamnée à 1 000 euros d'amende pour injure publique ainsi que 800 euros de dommages et intérêts. Annoir S., pour sa fausse plainte, a été condamné à 500 euros d'amende avec sursis pour diffamation publique et 1 500 euros de dommages et intérêts.

Et tout compte fait, c'est la première fois que je vais pouvoir dire et expliquer de vive voix mon enfer à des gens qui, au fin fond de leur bureau, sont loin d'imaginer toute cette horreur.

En avançant à la barre, je suis d'abord étourdi par le stress, envahi d'émotion. Je me reprends très vite, entrant dans la peau de mon propre avocat, prêt à me lancer dans une véritable plaidoirie. C'est mon moment, mon « quart d'heure de gloire » judiciaire. Je commence par rappeler les faits. Clairement. Sobrement. Puis je scande haut et fort mon statut de victime. J'en profite pour signifier à la juge que le volet « harcèlement » de ce dossier n'a pour l'instant fait l'objet que de simples rappels à la loi. J'ajoute que cela me semble ahurissant, quatre ans après les faits et une avalanche de recours et de courriers, que ce pan essentiel de ma plainte ne soit toujours pas inscrit à son agenda. Je souligne que cela démontre bien la non prise en compte et la méconnaissance totale des effets du cyberharcèlement par les instances qu'elle représente. Je veux à ce moment insister sur un point crucial : la diffamation, raison pour laquelle nous sommes là aujourd'hui, au même titre que l'injure, la calomnie ou la rumeur ne sont que des outils. Ils sont les munitions d'une arme terrible et assassine : le harcèlement, méthodique et caractérisé. J'en profite pour réagir à ce que j'ai trop souvent entendu, que le dénigrement fait partie du jeu de l'exposition médiatique, que c'est un risque à assumer, que les *haters* sont le revers de la médaille. Sauf que non, non et encore non !

Les barrières du stress et de l'appréhension tombent à mesure que les mots sortent. Je me libère. Je me sens fort, vaillant, lucide, percutant. Me connaissant, on pourrait croire que j'en rajoute. Même pas. Inutile. C'est mon cœur qui parle. C'est mon émotion qui s'exprime. Ce sont quatre années de vérité bafouée qui sifflent enfin aux oreilles de tous. Je suis une cocotte-minute qui lâche la pression en fin de programme. Et j'ai loin d'en avoir fini. J'enchaîne.

— Vous savez, Madame, j'ai bien conscience qu'on peut ne pas m'aimer, que l'on peut ne pas aimer ce que je représente ou ce que j'ai fait durant ma carrière. J'ai bien conscience que l'on peut me critiquer, notamment sur les réseaux sociaux où je suis très présent, et même me traiter de connard ! Aucun problème. Oui, j'ai fait dans le cancan. Oui, j'ai raconté des histoires de coucheries et de vie privée entre candidats de téléréalité qu'eux-mêmes monnayent dans un système huilé et consentant. Mais quoi qu'on en dise, je n'ai jamais ne serait-ce que flirté avec des attitudes ou des propos pénalement répréhensibles. Je n'ai jamais franchi la ligne. Et à l'échelle de ce que ce garçon a fait, je suis un gentillet. Il dit qu'il s'est inspiré de moi ? Alors il m'a mal lu et mal compris ! Parce que jamais, ô grand jamais, je n'ai donné cet exemple-là ! Je n'accepte donc pas qu'on balance des choses aussi terribles sur moi, comme le fait que je sois un pédophile. La liberté d'expression ne doit pas permettre de faire tout et n'importe quoi. Et ce qu'il s'est passé est inacceptable. Inacceptable !

— Aujourd'hui, Madame, mon quotidien, c'est d'être constamment pris à partie. Il n'y a pas plus tard que trois jours, une personne visiblement déséquilibrée qui avait lu les propos tenus par Aqababe et y croyait ferme, s'en est violemment pris à moi, dans un parc, en venant quasiment aux mains. Et c'est comme ça partout, au restaurant, au supermarché. J'en deviens méfiant envers tout le monde, moi qui étais si ouvert aux autres. Et vous savez, Madame, ces choses-là n'ont malheureusement pas de frontières. En vacances à Bali, à 10 000 km de Paris, avec mon compagnon, j'ai été assailli d'injures par des touristes français : « Alors, on est venus violer des bébés en Indonésie ? » Je n'ai pas répondu. Pourquoi ? Parce que quelqu'un aurait forcément filmé la scène, avant de la diffuser sur Internet et déclencher une nouvelle polémique, un énième buzz à mon encontre. C'est l'effet boule de neige. C'est bête et méchant pour eux, extrêmement traumatisant pour moi. Vous imaginez le choc ? Les mots blessent, tuent. Alors que fait-on dans ces cas-là ? On supporte, on encaisse, on prend sur soi. Et on souffre en silence.

— Et la réalité, Madame, c'est que cette violence de la vraie vie se prolonge sur Internet et les réseaux sociaux. Elle est même pire ! Pas un jour ne passe sans que mon nom soit associé à cette histoire. Ou que je ne découvre un tweet ou un message y faisant allusion. Tapez mon nom sur Google, vous verrez : vous ne tomberez pas sur mes actions de lutte contre le cyberharcèlement, sur les dates de mon spectacle, sur mes livres ou mes reportages, vous tombez sur « Jeremstar = pédophile ».

Je pleure, à chaudes larmes, qui coulent le long de mes joues. Les juges semblent bouleversés. Je les sens touchés, émus. J'espère qu'ils ont compris. La présidente du tribunal m'interroge alors sur les conséquences professionnelles qui en ont découlé. Je repars de plus belle.

— À cause de ce garçon qui a détruit ma vie, on annule des dates de ma tournée. Certains gérants de salles de spectacle me croient toujours coupable et craignent pour leur réputation. Les conséquences, ce sont aussi les contrats avec des marques qui sautent, les collaborations qui s'interrompent, YouTube qui démonétise mes vidéos, le téléphone qui ne sonne plus, les invitations sur des plateaux télé qui n'arrivent plus. Par peur d'être associé, de près ou de loin, à ces allégations. Voyez les bilans comptables de ma société que j'ai versés au dossier ! Les chiffres parlent d'eux-mêmes : d'une année à l'autre, c'est une perte de 200 %. Je ne peux pas être plus clair.

— Aujourd'hui, au moindre bruit, au moindre soupçon, les marques s'affolent et retirent leurs billes. Je suis *persona non grata*, d'office, partout. Si je veux jouer dans une salle ou négocier un contrat, je dois donc passer des journées entières à expliquer que non, je ne suis pas pédophile, et que je ne suis poursuivi pour rien et par personne. Je perds un temps fou à en montrer les preuves. Et la présomption d'innocence, ça n'existe pas ! Je tente tant bien que mal de me relever de tout ça, je lutte chaque jour, tout en vivant avec une épée de Damoclès au-dessus de la tête, craignant qu'à tout moment, dans cette ère du balance tout et n'importe quoi sur n'importe qui de célèbre pour exister et faire le buzz, un nouvel épisode désastreux vienne encore plus compliquer ma situation.

— C'est pourquoi, Madame, je vous demande de prendre une décision exemplaire, et particulièrement sévère ; de reconnaître mon préjudice, pour les souffrances que j'ai vécues et que je subis encore, mais également pour tous ces jeunes qui vivent la même chose, à leur échelle. Je veux que mon cas personnel fasse jurisprudence et serve d'exemple à la justice pour qu'elle pallie son inculture et sa méconnaissance en termes de cyberharcèlement !

Bim bam boum ! Je retourne m'asseoir. Je souffle. Ça y est, j'ai vidé mon sac. C'est un immense poids en moins sur les épaules. Une libération.

Mon avocate prend le relais. Je suis très impatient de voir à l'œuvre cette as du barreau, et de constater si elle maîtrise (ou non) mon dossier après tout l'argent que je lui ai versé. Je suis subjugué. Je ne suis évidemment pas objectif, mais à l'écouter, il fait peu de doute qu'il sera condamné. C'est aussi très réconfortant, et même émouvant, que quelqu'un monte au créneau pour moi. Je ne suis pas seul. La partie adverse développe ensuite ses arguments, bien faibles à mon sens, les avocates jouant sur le fait que ce jeune homme n'avait pas les codes ni les règles du jeu entre les mains. Qu'il n'a sérieusement pas pu tenir des propos homophobes, étant lui-même gay. Je ne vois pas bien le rapport, mais bon... Puis vient le tour de la procureure, qui dit ne retenir qu'une chose dans tout cela : le propos le plus grave est « sale petit pédé ». L'injure « absorbe » la diffamation, dit-elle, et celle-ci ne serait donc pas constituée. Ah. Malgré les dizaines de pages d'ignominies qui ont pris trente minutes à être lues, malgré ses aveux, malgré mon témoignage détaillé, elle ne retient que ça ? Mais que lui faut-il alors ? Je me rassure en me disant que les juges ne suivent que rarement les réquisitions du procureur. Mais tout de même... C'est incompréhensible. Verdict le 2 juin. Fin du procès.

Même sans condamnation délivrée, même si l'avis de cette procureure me tracasse, je sors soulagé de la salle d'audience, heureux d'avoir pu m'exprimer et d'avoir été entendu comme victime par l'institution judiciaire. C'est crucial pour ma santé mentale. Je ne me suis toujours pas fait, en revanche, à la présence de mon cyberagresseur. On se suit de loin dans les couloirs, je l'aperçois dans un Escalator. Je me réfugie même un temps aux toilettes pour être parfaitement sûr de ne pas le croiser à la sortie.

Sur le parvis, je me sens ragaillardi. Je me sens les épaules pour être le porte-drapeau des opprimés du Web, de tous ces gens qui n'ont pas les moyens d'aller au tribunal. J'ai parlé pour moi. Pour mon ego. Mais j'ai aussi le sentiment d'avoir porté une cause, celle de toutes les personnes harcelées. Je repense à toutes les personnes qui m'écrivent au quotidien et qui souffrent. Aux parents que j'ai interviewés et qui ont perdu leur enfant à cause du harcèlement. Je suis aussi là pour eux, pour faire avancer le combat. Pour que mon expérience serve au moins à quelque chose. Je sais que rien n'est joué, que rien n'est gagné et que le combat s'annonce encore très long. Mais ma voix, mon combat, mon engagement ont été entendus au sein d'un tribunal. Et c'est déjà pas mal.

Le 2 juin 2022, le tribunal correctionnel de Paris a rendu son verdict. Aqababe est reconnu coupable d'injures publiques, injures à raison de l'orientation sexuelle, et diffamation publique, le condamnant à me verser 2 000 euros de frais judiciaires ainsi que 12 000 euros de dommages et intérêts (soit 14 000 euros), et, ajouté à cela,

2 000 euros d'amende. Alors, certes, les sommes paraissent dérisoires face à tout ce que j'ai dépensé, mais habituellement cette chambre condamne bien moins. C'est donc une décision dont je me réjouis. Elle est forte, exemplaire, et interpelle même les journalistes. Elle semble d'ailleurs avoir fait réfléchir mon cyberagresseur. Dans un premier temps. Il présente en effet publiquement des excuses, annonçant même se retirer du monde de la téléréalité... avant de revenir sur ses déclarations. Il dit avoir été manipulé et avoir agi sous l'emprise de quelqu'un qui publiait à sa place. Je n'y crois pas une seule seconde. Tout a été publié en son nom, donc qu'il assume !

Ce délibéré est en tout cas une première victoire judiciaire, en attendant qu'avance la procédure concernant le volet « harcèlement » de ce dossier qui par deux fois n'a fait l'objet que d'un simple rappel à la loi. J'ai donc dû lutter contre la justice pour qu'elle-même lutte enfin contre mon cyberharceleur sur ce volet du dossier. Et j'ai ainsi par deux fois dû faire appel, non pas d'une décision, mais d'un refus de poursuivre. C'est moi ou c'est complètement dingue !? Je comprends maintenant pourquoi certaines personnes disent que la justice rend fou. Bref, hasard ou pas, je ne sais pas, juste après ce délibéré et après avoir adressé une lettre à la juge d'instruction décrivant ma profonde détresse et la peur de n'avoir plus d'autre choix que d'en finir avec la vie, l'enquête est rouverte et je suis enfin (!!!) entendu par la police pour le volet « harcèlement ». Je fais face à un policier réceptif, qui comprend, prend le temps d'écouter. Une audition qui se passe très bien. Eh bien figurez-vous que le soir-même – ironie du sort et du timing – Aqababe publie une vidéo très étrange. Une nouvelle attaque, dissimulée mais évidente. On y voit une femme au visage masqué par un smiley. Dans ce message, elle dit qu'Aqababe a reçu des messages odieux. Elle ne le dit pas explicitement et ne me nomme pas, mais le sous-entendu est clair, lisez par vous-même : « L'incitation au boycott public est strictement interdite par la loi. On ne punit pas le harcèlement par le harcèlement, est-ce que c'est bien clair ? Nous allons donc nous rendre chez un huissier de justice pour faire constater tous les messages que nous avons reçus, et tous les pseudonymes qui s'amusent à faire des faux comptes – mais bon, on se doute bien de qui il s'agit, hein... Donc toi aussi tu seras puni, pour incitation au boycott. Tout le monde sur cette Terre a le droit à une seconde chance, et il me semble que tu as bien tiré profit de cette situation.

Tu as redoré ton image, tu as créé une plateforme. Aujourd'hui, c'est au tour d'Aniss. Il a assez payé. Il a assez subi. Ne sois pas jaloux de son succès. Fais ta vie correctement et vis paisiblement, mais je ne laisserai pas faire ce genre de choses. J'ai tenté plusieurs fois de vous réconcilier. Tu as refusé. Car tu es mauvais. Je ne prononcerai pas ton nom bien évidemment pour ne pas risquer un procès en diffamation, mais il me semble que tu t'es reconnu. Ne recommence plus jamais l'incitation au boycott. Merci. Cordialement. »

Je reste scotché. C'est lu-naire ! Lu-naire ! Je n'en reviens pas ! Qui est-elle ? Et de quoi parle-t-elle ? Je n'ai jamais parlé de ce mec sur mes réseaux sociaux, à part pour annoncer sa condamnation. De quel appel au boycott parle-t-elle ? Je ne comprends rien. Enfin si : je comprends que ces gens sont fous. Malgré sa condamnation, malgré les plaintes déposées contre lui par plusieurs célébrités dont j'ai pu recueillir les témoignages (que j'ai fournis à la police, d'ailleurs), il continue les provocations sur les réseaux, il en rajoute une couche, il relance la machine ! C'est fou. Ces gens-là ne comprennent rien ! C'est un jeu pour eux tout ça. En même temps, quand on fait des crasses et qu'on n'est sanctionné que par de simples rappels à la loi, pourquoi en rester là ?

Donc là, au moment où je vous écris, j'attends… J'attends que la procédure avance. Et tout est toujours aussi lent. Nous sommes en 2022, bientôt 2023. J'aurais eu le temps de me suicider cinquante fois.

À l'heure où il ne se passe pas un jour sans que les médias ne relatent des affaires de cyberharcèlement poussant des adolescents ou des influenceurs au suicide, comme la regrettée Mavachou, la justice ne fait rien, ou presque. À l'heure où certaines personnalités politiques en font un cheval de bataille, et alors qu'un parquet numérique a été spécifiquement créé en 2021 pour lutter contre la haine en ligne, le monde judiciaire, lui, semble faire la sourde oreille et continue de déconsidérer manifestement les victimes de violences numériques. Peut-être est-ce une question de génération : de trop nombreux professionnels de la justice auxquels j'ai eu affaire (policiers, juges d'instruction, procureurs, présidents de tribunaux) ont souvent l'air de découvrir une sorte de « monde parallèle », minimisent la gravité des faits, et ne semblent pas comprendre qu'un tweet odieux ou une story dénigrante, qui plus est quand ces actes se répètent et s'intensifient comme c'est mon cas, sont l'équivalent d'autant de coups de poing dans la gueule dans le monde « physique ». Il faut faire bouger les mentalités ! J'ai trop souffert et suis désormais trop engagé dans cette lutte quotidienne pour baisser les bras. Donc je saurai être patient. Je ne lâcherai pas.

18:45 4G

Tweet

[redacted]

Ça me choque toujours autant que ce pedophile notoire qu'est **Jeremstar** anime une « émission » qui s'appelle Baby Story

Tweet

[redacted]

Hey @jeremstar t'es vraiment qu'une pauvre merde tu mérites de crever

Tweet

[redacted]

Jeremstar va crever criminel de merde. Ta place est au trou

[redacted]

Pourriture de Jeremstar, on va te buter fais attention à toi dans la rue si je te croise je te plante

[redacted]

le jour où **jeremstar** s'est fait call out pour des histoires de pédophilie fallait voir comme tous les gens de la tv réalité sont allés fêter ça sur snapchat 😂😂

15:36 · 08/01/2022 · Twitter for iPhone

1 J'aime

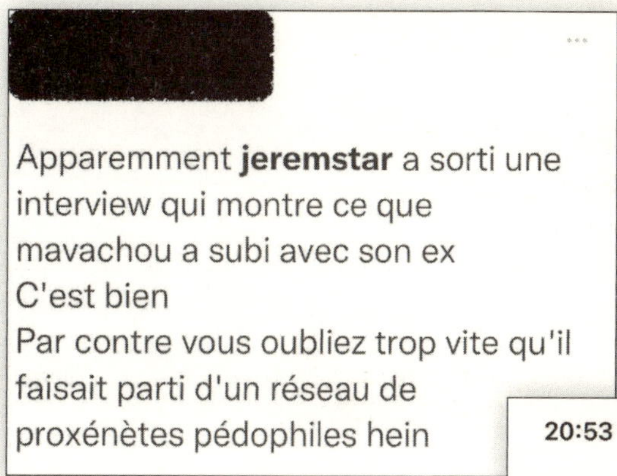

[redacted]

Apparemment **jeremstar** a sorti une interview qui montre ce que mavachou a subi avec son ex
C'est bien
Par contre vous oubliez trop vite qu'il faisait parti d'un réseau de proxénètes pédophiles hein

20:53 4G

Tweet

[redacted]

Heu @rtlinfo pourquoi vous donnez la parole au pedophile **Jeremstar** là ???

19:38 · 12/05/2022 · Twitter for Android

15:48

Tweet

[redacted]

Donc Jeremstar a repris une vie normale ?

07:15 · 17/03/2022 · Twitter for Android

[redacted]
En réponse à [redacted]
il a fait quoi
1

[redacted] 2 j
Il aidait un ami pédophile à trouver des cibles pour lui grâce à sa propre notoriété
1

Chapitre 2

PRISON FERME POUR MON CYBERAGRESSEUR

Mars 2020, premier confinement

Un soir de mars 2020, au beau milieu de ce confinement que je vis déjà très mal parce que mon spectacle vient d'être mis en pause, comme l'intégralité de mes projets, et que mon couple est en train de battre de l'aile (lire chapitre 4), je reçois un mail anonyme et inquiétant. Son auteur inconnu m'informe qu'un de ses amis, journaliste, réalise une enquête sur moi. « Il a des photos très compromettantes de toi. » Puis il me menace : « Il vaut mieux pour toi que tu répondes et réagisses avant que la vérité n'éclate. » Tout de suite, l'angoisse. Qu'est-ce que c'est que cette histoire encore ? Qui est cette nouvelle personne qui vient me faire suer ? Qui veut me faire chanter ?

Depuis le « Jeremstar Gate », chaque coup de pression se répercute sur mon corps. Maux de ventre, nausées, suées, tremblements. Pendant deux semaines, ce mail me hante. C'est reparti. Je vais vivre un nouveau scandale, je vais plonger encore plus loin en enfer, alors que je ne suis pas du tout guéri des répercussions de l'affaire de 2018.

Quelques jours plus tard, nouveau mail étrange. Cette fois, il provient d'un ancien réalisateur rencontré il y a quatre ans, mais dont j'étais sans nouvelles. « Un journaliste enquête sur toi. Il cherche à me contacter, il est hyper insistant, il m'a relancé trois fois par mail, mais aussi sur Instagram, sur Facebook, par textos. » Pour me prouver sa bonne foi, il me transfère ces mails, qui comportent le nom et les coordonnées du journaliste en question : Olivier Porri Santoro. Cet homme, dont je n'ai jamais entendu le nom, tient des propos effrayants : « Il est temps que Jeremstar paye pour le mal qu'il a fait et pour les vies qu'il a détruites. » Carrément. Mon niveau de stress monte aussitôt d'un cran.

L'étau se resserre un peu plus le lendemain. Coup de fil de ma mère, à qui je parle tous les jours et qui est donc au courant: « C'est quoi le numéro du journaliste là ? Parce que j'ai reçu un appel de quelqu'un qui m'a interrogé sur mes opinions politiques, sur Éric Zemmour, m'a demandé si j'étais raciste... Je n'ai rien compris, j'ai raccroché. Je t'envoie le numéro. » Je vérifie. C'est lui ! J'hallucine. Mais bon sang c'est qui, cet homme ? Je mène ma petite enquête. C'est bien un journaliste, spécialisé dans les histoires trash et croustillantes. Je consulte son profil Facebook. Et là, en scrollant parmi ses contacts et les personnes qui « likent » ses photos, qui je découvre ? Un fantôme du passé qui a longtemps hanté mes jours et mes nuits, un homme qui m'a pourri l'existence: Vincent ! Rien que d'écrire son nom, mes mains tremblent sur le clavier. À l'inverse de tous mes proches qui apparaissaient dans mes sketchs et sur mes réseaux sociaux, Vincent restait dans l'ombre. Mes fans ne savent rien de lui. Personne. Pendant très longtemps, il a représenté beaucoup pour moi. C'était quelqu'un de très présent au quotidien. C'était un confident qui riait et pleurait avec moi du matin au soir, un meilleur ami en qui j'avais toute confiance. Vincent connaissait absolument tout de ma vie, savait tout de moi. Ce n'est que plus tard que j'ai compris que j'étais totalement sous l'emprise de cet homme qu'il ne fallait pas contredire au risque de le voir déclencher colères et représailles. Il était tellement omniprésent qu'il contrôlait ma vie, choisissait qui je devais ou non fréquenter. Je ne m'en rendais pas compte, pris dans le tourbillon de ma vie trépidante de jeune star montante. J'avais besoin de lui, il savait se montrer très rassurant, jouant parfois même le rôle du parent, très protecteur face à tous les « gratteurs » qui gravitaient autour de moi. Mais c'était aussi quelqu'un dont je subissais les foudres et les coups de pression. Une caresse, trois gifles, et une caresse derrière. C'était son mode de fonctionnement. Déstabilisant. Toxique.

À la suite d'une dispute, début 2020, nos chemins s'écartent. On se dispute. Et cette fois, je lui tiens tête. Vincent me zappe alors de sa vie. Il va même jusqu'à me bloquer sur les réseaux sociaux. Je n'ai plus de nouvelles. Je le vis mal au début, comme une rupture amoureuse, avant de me sentir soulagé qu'il ne fasse plus partie de ma vie. Seulement voilà, au bout de quelque temps, j'apprends par le bouche-à-oreille que Vincent trouve la vie chiante, fade et sans relief loin de l'univers Jeremstar ; que le strass et les paillettes, ma « belle vie », lui manquent. Mais pour moi, hors de question de se rabibocher ! J'étais alors loin d'imaginer sa terrible vengeance.

En découvrant que ce journaliste qui enquête sur moi et lui se connaissent, ça fait comme un déclic dans ma tête, je réunis les pièces du puzzle. Le mail au réalisateur et le coup de fil à ma mère ? C'est Vincent qui a donné leurs numéros, c'est sûr, puisqu'il les connaissait.

Jacques Chirac a dit un jour que « les emmerdes, ça vole toujours en escadrille ». Moi, c'est toute une armée de l'air qui va bientôt lâcher ses bombes au-dessus de ma tête ! Avec Vincent dans le rôle du général de guerre et Olivier Porri Santoro en pilote de chasse (et de traque).

L'affaire du « Jeremstar Gate » n'est pas terminée qu'arrive donc celle du « Jeremstar War ». C'est le nom du livre, ou plutôt du torchon, qui sort le 26 mai 2020. Cent-vingt-cinq pages odieuses, truffées de contre-vérités, de *fakes* et de calomnies qui m'accablent de tous les maux de la Terre, résumés sur cette couverture pastiche du générique de *Star Wars* doublée d'un très mauvais jeu de mots : « La fesse cachée de Jeremstar ». Je cite : « Trahisons, humiliations, harcèlement, opportunisme, travail dissimulé, dégradations, insultes, abus de biens sociaux, mensonges, cupidité, fraude fiscale, exhibitionisme, racisme, prostitution, complicité de corruption de mineurs. » Oui, rien que ça ! À lire la couverture, je suis le mec le plus horrible au monde, l'ennemi public numéro 1.

Le choix de cette date de sortie n'a rien d'anodin : au même moment, j'ai une actu, avec le lancement de la version poche de mon précédent livre. Or, qui est au courant de sa sortie ? Rebelote : évidemment Vincent.

Je reçois ce brûlot par mail le soir même. Je le lis d'une traite, en une heure. Et bascule de nouveau dans l'horreur.

Page 3 : premier coup de poing venu tout droit du passé. L'auteur remercie un ancien paparazzi qui ne m'a jamais aimé, sans que je n'aie jamais vraiment su pourquoi. Une amie m'avait prévenu à l'époque : « Il connait bien Bolloré. Il veut ta peau et fait tout pour que tu sois éjecté de l'émission d'Ardisson. » Sa spécialité : monter le bourrichon à des gens crédules et influençables et leur faire porter plainte contre des personnalités publiques pour les faire tomber – lui s'enrichissant en vendant ces ragots à la presse people. Pendant le « Jeremstar Gate », il a ainsi joué un rôle obscur dans une histoire de fausse plainte pour viol déposée contre moi. Un jeune homme, Annoir S., m'avait accusé des pires horreurs à travers cette plainte avant de se rétracter et de balancer que c'était ce paparazzi qui lui avait demandé de faire ça. Avec l'ombre de ce mec dont le nom me terrorise, dès le début du livre, ça démarre donc très fort ! Que fait-il là encore ce paparazzi ?

Puis au fil des pages, je fonds en larmes au rythme des horreurs et des mensonges qui y sont racontés, prenant conscience que le cauchemar redémarre, que l'on veut de nouveau m'associer à des histoires de pédophilie, de corruption de mineurs, de réseau de prostitution, etc. En lisant, j'entends aussi la voix de… Vincent derrière l'utilisation de certains mots et de certaines expressions. Certaines phrases sont tournées comme sa manière de parler. Et certaines anecdotes ne peuvent être connues que de lui. Au fil des pages, ressurgissent aussi les vieux parasites dont je me suis débarrassé depuis longtemps. Comme l'interview de mon ancien acolyte, Babybel. Lui, qui m'a pourri la vie avec cette affaire à mon nom qui était en réalité la sienne, revient à la charge et s'en prend de nouveau à moi !? Tout cela alors que quelques mois plus tôt il me suppliait dans de longs mails de lui pardonner ? Je n'avais pas donné suite. Donc lui aussi se venge ! On y trouve également l'interview d'un jeune homme qui me reproche de ne pas avoir alerté la justice quand, alors qu'il était mineur et fan de moi, il m'avait écrit un mail pour dénoncer les agissements sordides et les demandes répréhensibles de Babybel, qui insistait pour que le gamin envoie des vidéos de lui à caractère sexuel. Un mail que j'avais transmis à mon avocate, sans le dire à personne, pas même à Vincent toutefois au courant de son existence, mais persuadé que je n'y avais pas donné suite. Il n'hésitait d'ailleurs pas à me menacer avec ça quand nous nous disputions.

À la fin du livre, on trouve aussi des déclarations d'Hapsatou Sy, cette entrepreneuse habituée des plateaux télé, qui faisait comme moi partie de la bande de chroniqueurs de Thierry Ardisson. Je suis choqué, elle aussi me démonte. Elle tient des propos scandaleux à mon égard. Pourtant, du temps de l'émission, on s'appréciait. Elle était ma bonne copine au milieu des autres intervenants comme le journaliste politique Franz-Olivier Giesbert, l'avocat Gilles-William Goldnadel ou encore Raquel Garrido. Vincent, lui, la déteste. Il était agacé lorsque je copinais avec elle et m'interdisait de lui parler. Il lui tenait rigueur d'un conflit judiciaire, entre mon grand-père et elle, vieux d'une quinzaine d'années. Une affaire dont j'avais vaguement entendu parler, mais qui n'était pas la mienne. Je n'en ai jamais parlé avec elle. Et Hapsatou Sy n'a jamais fait le rapprochement... sauf au moment où on le lui souffle, dans l'interview qu'elle accorde pour le livre. Qui d'autre que Vincent a bien pu ressortir cette vieille affaire tombée aux oubliettes ? Évidemment personne.

Je vous passe les ribambelles d'interviews qui suivent d'anciens membres toxiques de mon entourage, de retour à la moindre polémique à mon sujet. On les connaît par cœur, ça ne devient même plus surprenant.

Je referme ce torchon, ébranlé. Je suis persuadé que dans les jours et même les heures à venir, un « Jeremstar Gate 2, le retour » va me tomber sur le coin de la tête. Il y a tellement d'accusations (bidons), d'infos trashs, de saletés... Je suis sûr que les réseaux sociaux vont s'enflammer et que les « merdias » vont en faire leurs choux gras. Mon premier réflexe est de ne surtout pas relayer la parution de ce livre. De ne pas réagir, de ne pas communiquer. Trois jours plus tard, à mon grand étonnement (et à mon grand soulagement), force est de constater que très peu de gens en parlent. Ça ne prend pas. Ça tourne un peu sur Twitter, quelques commentaires sur Amazon me pourrissent, mais zéro bad buzz de masse. La meute est silencieuse.

C'est alors que l'auteur du livre entre en action... La mayonnaise ne prenant pas, et voyant que je ne réagis pas à son livre provoc', il entame une campagne de promotion dénigrante et harcelante sur absolument tous les réseaux sociaux possibles. Durant trois mois, il enchaîne quasiment chaque jour les posts, les stories, de vieilles vidéos sorties de leur contexte pour prouver ses dires, etc. Il rappelle inlassablement les histoires et les affaires (fausses) qui gravitent autour de mon nom. Il interpelle et alerte des personnes influentes, pour faire effet boule de neige. Certaines prennent cela pour argent comptant, comme cet ancien boxeur qui me traite de violeur d'enfant dans une vidéo. Il hashtague aussi les marques avec lesquelles je collabore. Elles m'en font part, inquiètes de cette nouvelle polémique. Pour se prémunir et éviter d'être assimilées à ce scandale, certaines mettent notre collaboration en *stand-by*. C'est la première grosse conséquence de son harcèlement : je recommence à perdre des contrats ! Ce mec, que je n'ai jamais vu de ma vie, inonde les réseaux sociaux d'horreurs à mon sujet. Non-stop. « Éteignons l'idiot utile de la pédophilie, Jeremstar ! », « Cyril Hanouna, Mathieu Delormeau, vous ne pourrez plus dire que vous ne saviez pas », « Espèce de raciste de gicleur Jeremstar », « Écrasons l'infâme, écrasons Jeremstar », « C'est une ordure, il faut se débarrasser de ce type », « Y a énormément de gens que la disparition de Jeremstar arrangera », « Jeremstar a servi de rabatteur », « Fils de pute »... Mais il ira encore plus loin, en dévoilant l'adresse de mon domicile incitant les gens à venir en bas de chez moi.

Durant cette période où je ne sors jamais la tête de l'eau face à ce déferlement asphyxiant, passant mes journées à lister et consigner minutieusement toutes les publications à verser à la plainte que je compte déposer, j'essaie de me poser un peu, un soir, devant une série. Je le fais rarement mais il faut que je souffle, pour ma survie mentale. Je suis à peine installé sur mon canapé que je reçois un mail anonyme, envoyé depuis un serveur crypté, dont l'objet me glace le sang : « Attentat ». Dans le corps du mail, je découvre cette phrase effrayante : « Je vais commettre un attentat sur la tournée de Jeremstar. » Peu de temps avant, le « journaliste » a lancé une pétition afin de faire interdire les spectacles « du nouveau Dieudonné », c'est-à-dire moi. Mes avocats l'ont faite « sauter », ce qui a déclenché sa fureur. Ça commence à devenir très, très grave. Il ne s'agit plus de harcèlement, là, mais bien d'une menace de crime matérialisée par écrit (une enquête est d'ailleurs en cours à ce sujet).

Le 22 juin 2020, je prends la direction de La Rochelle pour le tournage de « Fort Boyard », prévu le lendemain. C'est ma troisième participation. Je suis enchanté, je vais prendre l'air, me changer les idées. J'adore cette émission que je regardais enfant, refaisant même les épreuves avec mon père dans ma chambre. Je suis d'autant plus réjoui et ému d'y participer que j'ai un lien très personnel avec ce programme. C'est la première émission à m'avoir « déblacklisté », dès 2019, alors que la polémique battait encore son plein et que beaucoup me croyaient coupable. Grâce à Alexia Laroche-Joubert, la productrice, que je connais depuis que j'ai dix-sept ans. Convaincue de mon innocence, elle est montée au front et s'est battue auprès de France 2 pour me faire passer à l'antenne. J'y retourne donc le cœur rempli d'émotion et la tête pleine de bonnes *vibes*. Et l'équipe est super : Camille Lacourt, Énora Malagré… On dîne ensemble, l'équipe se soude, tout se passe très bien. On file tôt dans nos chambres, le réveil doit sonner à 4 h 30. À minuit, au moment d'aller me coucher, je reçois un coup de téléphone d'Alexia Laroche-Joubert. « On a été contacté par un journaliste très remonté, très virulent, qui... » Elle n'a pas le temps de finir sa phrase que je comprends tout de suite ce dont il s'agit. Je raconte l'histoire et le contexte à Alexia Laroche-Joubert. « Le souci, me dit-elle, c'est qu'il y a une plainte pour racisme, apparemment. » Je la coupe très vite une fois encore et lui explique que ce journaliste fait croire partout qu'une plainte existe contre moi et m'accuse de tout et n'importe quoi pour me nuire, mais que c'est bien évidemment faux ! Problème : nous sommes à l'époque en plein « Black Lives Matter ». Alexia Laroche-Joubert me comprend, mais se dit tout de même très embêtée par cette histoire, au regard du contexte médiatique. Elle craint le bad buzz et les retombées négatives pour son client, le diffuseur, France 2. Ma participation à l'émission est remise en question. « Va te coucher, je me renseigne, je te tiens au courant. » Impossible de dormir, évidemment. Une employée de la prod me rejoint dans ma chambre. On fume clope sur clope sur le balcon. J'attends des nouvelles. C'est une torture. Je finis par m'endormir, une petite heure. Le réveil sonne à 4 h 30, comme prévu. Je rejoins l'équipe, très contrarié et épuisé, dans le mini-bus. Dès le briefing d'avant tournage, je sens que rien ne va se passer comme prévu. Et que ma participation au tournage va être compromise. On m'informe qu'un candidat de remplacement, un participant de « Koh-Lanta », est même en route, au cas où… Ça ne sent pas bon du tout… J'enfile tout de même ma tenue, je me prépare. À quelques minutes de monter dans le bateau pour rejoindre le fort, coup de fil de France 2. On m'explique qu'Olivier Porri Santoro a appelé la production de manière insistante, qu'il a lancé des sondages sur les réseaux sociaux pour savoir si France 2 devait ou non me déprogrammer, qu'il les menace d'un scandale médiatique qui fera du bruit. Compte-tenu du contexte, ils sont obligés de me retirer du casting de l'émission. J'ai beau me débattre et expliquer que tout est bidon, que c'est du vent, je suis évincé du tournage de « Fort Boyard ». Les membres de mon équipe sont atterrés, écœurés, me serrent dans leurs bras. Enora Malagré en pleure de colère. Ceux de la prod' me soutiennent moralement. Alexia Laroche-Joubert m'appelle et tente de me réconforter. Tout le monde trouve cela injuste, mais personne n'y peut rien. Ni une ni deux, je dois monter dans un van, puis dans un train. Retour à Paris. La mort dans l'âme. Choqué, dégoûté, en larmes durant tout ce long trajet, je fais ce terrible constat : la cabale a fonctionné, la rumeur a raison de la vérité, le tribunal du qu'en-dira-t-on est plus fort que tout. Qu'importe les faits, qu'importe la réalité, qu'importe la présomption d'innocence (que plus personne ne respecte), balancer tout et n'importe quoi fait foi. La mécanique de la *cancel culture* vient une nouvelle fois de s'abattre sur moi.

Je suis chez moi depuis à peine deux heures, lessivé, à fleur de peau et au fond du seau, que la production de « Fort Boyard » m'avertit qu'un média va publier un article relatant mon éviction pour cause de « racisme ». Cette fois, c'en est trop. Je décide de contre-attaquer, dans les médias, par un communiqué de presse, via mon avocate. Je n'entre volontairement pas dans les détails mais le message est clair : je suis victime d'une nouvelle campagne de fausses accusations et de harcèlement qui se réglera au tribunal.

De son côté, le « journaliste » fanfaronne. « Regardez ! J'ai fait virer Jeremstar de "Fort Boyard" ». Je ne réponds toujours pas. Seulement voilà, le ver progresse de plus en plus dans ce fruit déjà bien pourri. La société productrice de mon spectacle m'appelle : cinq salles veulent annuler la date de mon passage sur leur scène. Solidaire, elle ne tombe pas dans le panneau et vient à ma rescousse. Et prévient qu'elle engagera des poursuites si les salles annulent à cause de ces rumeurs et calomnies. Finalement, une seule salle – mais c'est déjà trop – annule mon spectacle. Évidemment, mon harceleur s'en félicite publiquement. Mais pour lui, ce n'est pas assez. Il monte alors d'un cran dans cette escalade incriminante et prévient des directeurs de théâtre et des gérants de salles de spectacles : sur chacune de mes dates, il leur explique avoir l'intention d'organiser une manifestation antiraciste à leur porte, soutenu par la Ligue de défense noire africaine, une association fondée en 2017 qui sera dissoute par le ministère de l'Intérieur en 2021 pour antisémitisme et... racisme – hum, quelle ironie de l'histoire. Aucune manifestation n'aura lieu mais une fois de plus, le mal est fait.

À l'été 2020, moi qui me suis jusqu'à alors montré combatif et résistant, moi qui encaisse les coups et garde tant bien que mal la tête haute, je vacille. Je n'en peux plus. Mes nerfs, mon cerveau, mon cœur et mon âme sont brisés. Et mon corps est en train de lâcher. Je suis au bout du bout, à un stade de tristesse et d'abattement que jamais je n'aurais un jour pensé atteindre.

Je me réfugie alors dans le seul endroit où rien ne peut m'atteindre : chez ma mère, à Lyon. Après avoir pris le temps de souffler et de me ressourcer, je me décide à pousser la porte d'un commissariat pour porter plainte pour harcèlement. Et pas pour diffamation. J'aurais peut-être dû, pour rétablir la vérité et contre-attaquer, mais cela aurait été me lancer dans une énième procédure, longue et coûteuse. Ce combat serait légitime, mais voilà où j'en suis : je suis presque contraint de laisser couler tellement j'ai de chats à fouetter... Et puis comme je le dis tout le temps, la diffamation est une arme, un outil du harcèlement, j'attaque donc sur ce point !

Mon dossier est en béton armé, mais c'est un chemin de croix qui m'attend. Première embûche : faire valider par la psychologue mandatée par le système judiciaire, toujours aussi incapable de comprendre ce genre de détresse, que mon traumatisme est profond et mérite une ITT (incapacité temporaire de travail). C'est fou. Je suis mentalement et physiquement oppressé depuis des années, mais je dois encore le démontrer. Put*** ! Avant même que ma cause soit prise en compte, je dois me battre pour qu'on valide mon statut de victime !

Après maintes requêtes pour ne serait-ce que voir un psy, ce à quoi s'oppose la défense qui sait que cela sera une circonstance aggravante, je finis donc par avoir une ITT de trente jours. Mais à quel prix ? Et pour m'entendre dire quoi ? Que je ferais mieux de couper mes réseaux sociaux pour ne plus subir d'attaques. C'est ce que me dit la psychiatre mandatée par la justice qui, à l'évidence, ne comprend pas que les réseaux sociaux sont mon lieu de travail, que ce harcèlement revient à se faire agresser chaque jour au pied de l'immeuble où elle bosse ! Mais ça, elle ne l'intègre pas. Personne ne semble le comprendre. Et quand bien même j'éviterais les messages haineux en ligne de mon harceleur, j'en serais de toute façon informé puisque tant de gens commentent ce qu'il balance et me mentionnent. Il est partout : dans les commentaires, dans les mails, dans mon entourage professionnel. Et je ne peux pas couper ! Je dois continuer d'alimenter mes réseaux sociaux, c'est mon boulot ! La justice fait pour le coup rapidement le sien. Façon de parler, c'est toujours beaucoup trop lent, mais comparativement aux autres procédures, les choses avancent. Une date de procès finit par être trouvée. Ce sera le 21 juin 2021, à Nice. Je n'y vais pas. Pas la force de voir ce mec. Je laisse mon avocat gérer.

Après une audience de plusieurs heures durant laquelle l'intégralité des publications est lue, le verdict tombe. J'apprends que mon harceleur, Olivier Porri Santoro, est condamné à douze mois de prison, dont quatre mois ferme, 6 000 euros de dommages et intérêts et 2 500 euros pour les frais de justice. Il est également astreint à un suivi judiciaire pendant un an et à un stage de citoyenneté pour apprendre les valeurs de la République. Mon avocat m'explique que le procureur a été sidéré par les faits (« Les réseaux sociaux sont le paradis des imbéciles »), mais que l'accusé ne mettra pas un pied en prison car en France, me dit-il, quand on prend moins de deux ans de prison, il y a des remises de peines automatiques. Je ne comprends pas qu'on prenne du ferme et qu'on reste libre, mais bon. Et puis mon harceleur fait appel. Mais ce premier jugement est quand même une première victoire, sur le terrain symbolique. La presse relaie abondamment cette décision de justice – mais pas les émissions de télé qui font tout un foin quand je suis accusé, mais restent muettes quand les choses tournent en ma faveur… Je me dis que, quand même, j'ai fait franchir une étape importante. Que ce combat n'a pas servi à rien. Je me dis que la justice a enfin compris la dangerosité des réseaux sociaux et l'impact du cyberharcèlement. Malheureusement non, vous allez voir…

Le procès en appel se déroule au tribunal d'Aix-en-Provence. Cette fois, j'y vais. À quelques minutes de cette nouvelle audience, je suis relativement calme et serein. Il faut croire que je commence à m'habituer... Et puis c'est surtout qu'encore une fois, comme pour Aqababe, je me dis qu'il faut que je fasse prendre conscience à la cour ce qu'est réellement le harcèlement. Ce que je vis. Ce qui va vraiment finir par me tuer. Je veux raconter mon calvaire. Mon cœur s'accélère en pénétrant dans la salle, quand je tombe quasiment nez-à-nez avec lui, assis au dernier rang. Nos regards se croisent mais je ne baisse pas les yeux. Il ne me fait pas peur. Je suis très impatient d'entendre ce qu'il a à dire pour sa défense, de quelle manière il justifie ce flot de haine déversé pendant des semaines, par tous les moyens possibles. Sur les réseaux, notamment, mais aussi via ces pétitions, ces mails directement adressés à mes partenaires publicitaires, à la direction des salles de spectacle de ma tournée, et même à la production de France 2, la veille de ma participation à « Fort Boyard ». Je sais pertinemment que la toile d'araignée piégeuse et malfaisante qu'il a réussi à tisser ne sera pas jugée. La justice ne se concentre que sur des faits stricts, et pas sur l'onde de choc qu'ils provoquent. Entre la loi et le monde réel, il y a un fossé, je ne le sais malheureusement que trop. Malgré tous mes déboires, et toutes mes déceptions passées, je crois encore que l'institution du pays que j'aime finira par faire surgir la vérité...

À la barre, mon harceleur, visage fermé, droit dans son costume bordeaux, nie tout en bloc. Il fait le caïd, agace même le président du tribunal. D'après ses dires, ces tweets n'étaient qu'un moyen de faire la promotion de son livre, une façon comme une autre d'en annoncer la sortie. Il joue sur la liberté d'expression. Non mais on rêve ! Elle a bon dos, la liberté d'expression. Elle a surtout une limite : le harcèlement! Il a aussi l'audace et le culot de préciser à la cour qu'il est impossible que j'aie pu prendre connaissance de ses attaques et que je me sois senti harcelé, étant donné que je l'avais « bloqué » de mes réseaux sociaux – ce qui est vrai, mais cela n'empêche évidemment pas que je sois envahi de toutes parts par sa terrible campagne de démolition. Tout juste consent-il que la manière ne fut « peut-être » pas la bonne mais que sur le fond, il n'a fait que son travail.

C'est ensuite à mon tour de m'adresser à la cour. Et durant une vingtaine de minutes, d'expliquer pour la énième fois les conséquences et les répercussions désastreuses de son entreprise de destruction. Les injures qui blessent l'âme, la rumeur qui se propage et salit mon image, mon honneur, ma réputation. L'angoisse, à chaque minute, de découvrir une énième horreur. Les médias qui me blacklistent. Les contrats et les partenariats qui s'interrompent, l'horreur qu'est devenue ma vie (lire chapitre 5). J'essaie d'être précis, concis et une fois encore, c'est difficile de contrôler mes émotions. Mais je ne suis pas aidé. J'ai l'impression de parler dans le vide avant que l'une des membres de la cour m'interrompe : « Peut-on aller à l'essentiel ? Je ne voudrais pas accorder plus d'importance à cette affaire qu'elle n'en exige. » La remarque me choque et me perturbe. C'est révoltant d'entendre un truc pareil après tout ce que j'ai vécu. Ils ne se rendent pas compte. Je suis profondément scandalisé. J'ai l'impression qu'on me crache au visage et qu'on s'assied sur ma souffrance.

Je sors tracassé du tribunal. J'ai un mauvais pressentiment. Qui se confirme quelques semaines plus tard. La cour d'appel d'Aix rend un jugement désastreux. La peine de prison ? Elle saute ! C'était un point primordial : je tenais absolument à ce qu'elle soit maintenue, pour faire jurisprudence dans ma lutte contre le cyberharcèlement. La justice avait là l'occasion de faire un exemple à travers mon cas, et dire : « On a compris, c'est grave, nous serons désormais implacables. »

Eh bien non. Il est condamné à 5 000 euros d'amende et 3 000 euros de dommages et intérêts. Autre injustice !!! Car, en gros, l'État gagne plus que moi dans cette histoire ! On peut m'expliquer le préjudice de l'État dans cette affaire où je suis bel et bien visé, moi seul ? Est-ce normal que mes dommages et intérêts soient inférieurs à la somme perçue par l'État ? Je suis dégoûté, écœuré, j'ai envie de pleurer, de tout arrêter. J'ai l'impression que c'est lui qui a gagné... Mon avocat me dit que cela reste une victoire parce que le harcèlement moral aggravé est confirmé. OK super mais on me crache à la gueule, je dépense des sommes que je ne récupérerai jamais, et il ne prend que ça ??? C'est inadmissible. Je ne m'y retrouve absolument pas ! J'aurais mieux fait de me suicider ! Ça aurait fait du bruit. Et ça coûte moins cher de se foutre en l'air !

À Aix, j'ai donc eu affaire à des membres du tribunal qui ne semblaient pas avoir pris la mesure de la problématique du cyberharcèlement, contrairement au procureur de Nice qui lui avait très bien compris le problème des réseaux sociaux. Conclusion : en fonction du lieu et des gens, la justice ne fonctionne pas partout pareil en France. C'est scandaleux. Et le pire du pire, dans tout ça, c'est que le laxisme de la justice encourage les coupables. La preuve : le jour du délibéré, Olivier Porri Santoro publie une story dans laquelle il fait le malin, une fois de plus : « Zéro peine de prison pour moi. Je répète : zéro. Je n'ai jamais posé un pied en prison. Et c'est pas demain la veille. Tout clown (en smiley, *ndlr*) qui se risquerait à prétendre le contraire serait aussitôt poursuivi du chef de diffamation. Pour l'amende, le pourvoi en cassation a été officiellement enregistré. Celle-ci est donc automatiquement annulée en attendant le troisième round. »

Le troisième round ? Pour lui, c'est donc un match de boxe qui continue. Il est toujours dans une optique de me mettre KO. Donc ça recommence ! Il ne formule aucune excuse. Il n'a toujours pas compris !

J'attends donc à présent que cette affaire soit jugée en cassation. J'en suis malade. Ce qu'il faut savoir, c'est qu'en cassation il n'y a pas de plaidoyer. On juge d'après les écrits. Pas d'après le récit d'un être humain. Au mieux, ce jugement injuste sera maintenu. Au pire, il sera cassé. Et retour en appel. Et de nouveau du stress, des frais. Ce sera reparti pour un tour. Cette histoire n'aura décidément jamais de fin… Et très honnêtement, je ne sais pas comment je réagirai si je n'obtiens pas justice. Le survivant que je souhaite devenir en sera-t-il réellement un ? Je n'ai pour l'heure pas de date pour ce procès, je suis dans l'attente. Encore et toujours.

Cette affaire m'aura coûté un fric monstre. Détruit une nouvelle fois. J'aurais définitivement mieux fait de me suicider pour peut-être que mon dossier soit davantage considéré. Triste constat.

[redacted]

Écrasons l'infâme,
écrasons Jeremstar.

[redacted]

Abomination de Jeremstar.

[redacted]

Il a réussi avec le Jeremstar Gate acte 1
à endormir les gens, mais là je lance,
je sonne le glas du Jeremstar Gate Acte 2.
Cette fois-ci c'est terminé pour lui.

[redacted]

Y a énormément de gens
que la disparition
de Jeremstar arrangera.

[redacted]

Éteignons l'idiot utile
de la pédophilie et du racisme
Jeremstar.

[redacted]

Moi, j'appelle les gens aujourd'hui
à aller manifester en bas de chez
Jeremstar. J'ai pas peur de le dire,
on va aller en bas de chez lui.

[redacted]

C'est le vrai visage
d'une ordure, qu'on a élevé
en véritable star en France.

[redacted]

Il faut se débarrasser
de ce type.

[redacted]

J'invite tout le monde
à télécharger mes vidéos,
téléchargez-les, diffusez-les
en masse sur les réseaux
sociaux.

[redacted]

J'invite tout le monde à tagguer tous
les sponsors qu'il lui reste, tous les gens
qui aujourd'hui donnent leur argent
sale à Jeremstar.

[redacted]

Il pourra effacer mes vidéos de Youtube,
faire ce qu'il veut mais c'est trop tard.
Je les reposterai ailleurs et j'invite les gens
à en faire de même. Faut pas le lâcher.

Chapitre 3

TOUS DE MÈCHE POUR ME FAIRE TOMBER

C'est désormais devenu une tradition, lorsque quelqu'un veut ma peau, d'autres (toujours les mêmes, d'ailleurs) rappliquent dans la seconde pour profiter de la situation et me taper dessus une fois encore. Cette entreprise de démolition ne s'arrête jamais. Tant qu'ils ne réussiront pas à me gratter de l'argent, me faire craquer – voire me pousser au suicide –, j'ai l'impression que ces gens-là n'arrêteront pas. C'est tellement épuisant, je vous jure.

Je viens donc de vous raconter comment ce « journaliste » m'avait fait vivre l'enfer, commandité par Vincent. Eh bien, sachez que ce dernier ne s'est pas arrêté là. Vous voulez savoir quel fantôme de mon passé il a été racoler pour accélérer ma chute? Bob l'Éponge. Mes plus anciens fans se souviennent forcément de cet ami et personnage qui apparaissait régulièrement dans mes stories et mes sketchs en 2012 (oui, oui, il y a bien 10 ans !).

Au tout début de ma carrière, alors que je n'avais pas encore de société et que tout cela n'était que de l'amusement, il m'aidait à tourner mes « Interviews Baignoire » par amitié; en échange de quoi il profitait de ma notoriété et de la visibilité que je lui offrais pour augmenter le trafic de son blog sur lequel je le laissais publier des photos « making of » des tournages, mais aussi sur lequel il vendait des shootings photos avec sa plaque tarifaire dont je faisais la promotion pour l'aider à développer sa clientèle et son réseau. Par amitié quoi. Donnant donnant. J'ai malheureusement fini par couper les ponts avec lui, qui se présente un peu partout comme mon ex- « caméraman », parce qu'il devenait trop envahissant à mon goût. Cela commençait à lui monter à la tête et plutôt que de nous disputer, j'ai commencé à prendre mes distances pour souffler un peu. Dans les derniers temps, il se permettait d'entrer directement en contact avec les personnalités que j'interviewais ou de prendre des bains de foule avec mes fans et signer mon propre livre lors de mes séances de dédicace... Bref, d'utiliser notre proximité et ma célébrité pour se construire la sienne, ce que j'avais d'abord autorisé mais qui, petit à petit et au regard de son comportement, devenait de plus en plus malsain.

Pendant le confinement, donc, en même temps que cette guerre de « Jeremstar War » qui est en train de s'orchestrer, j'apprends par le biais d'un très cher ami que Bob L'Éponge souhaite entrer en contact avec moi. Je n'en ai pas du tout envie, d'autant qu'après que nous ayons mis un terme à notre amitié, il a lui aussi participé à la cabale de 2018, pendant le « Jeremstar Gate », en racontant partout dans la presse qu'il « savait » et avait été témoin de choses fausses et délirantes... Bref, il m'avait terriblement enfoncé, me faisant lui aussi passer pour un complice de pédophilie et participant activement au harcèlement que je subissais. Je suis d'ailleurs toujours halluciné, encore aujourd'hui, de voir ce qu'un peu de lumière peut pousser les gens à faire. J'explique donc à mon ami de ne surtout pas lui donner mon nouveau numéro de téléphone, mais lui demande s'il peut discrètement essayer d'en savoir plus sur ses intentions, en jouant les agents doubles et en prêchant le faux (casser du sucre sur mon dos, dire que nous sommes fâchés) pour savoir le vrai.

Ma « taupe » remplit superbement sa mission puisque Bob l'Éponge lui avoue très vite qu'il a très mal vécu notre « séparation », et qu'il s'est depuis entouré de « conseillers » l'incitant à me réclamer des droits d'auteur sur mes « Interviews Baignoires » et ses apparitions dans mes vidéos. Il lui avoue également qu'il a été récemment contacté par Vincent et qu'un journaliste prépare un dossier pour me faire tomber. Je me souviens encore l'entendre dire dans ces bandes audio, que j'ai bien sûr immédiatement fait constater par huissier, que c'était le moment ou jamais de m'éteindre. Je comprends alors que toute cette petite troupe va essayer de me gratter le max d'argent possible. Il ajoute d'ailleurs qu'un courrier d'avocat est prêt à partir si je ne le paye pas. Je reçois ce fameux courrier mi-juin. Concrètement, un dossier de plusieurs pages listant toutes les vidéos auxquelles Bob l'Éponge affirme avoir contribué dans un cadre professionnel – alors que je le répète, c'était du donnant-donnant entre nous, nous n'avons jamais rien signé. Mais le contenu de ce dossier va beaucoup plus loin et j'en tombe de ma chaise. Il clame avoir subi des « violences volontaires à caractère racial » de ma part, notamment lors de vidéos dans lesquelles nous rigolions tous les deux au sujet de ses cheveux, mettant souvent en scène un briquet ou des allumettes pour faire croire qu'ils prenaient feu. Cette moquerie potache sur sa coupe était un *running gag* de mes sketchs, il était parfaitement consentant ! À l'époque, c'était même devenu sa marque de fabrique, qui l'a fait connaître auprès de mes fans, ce dont il ne se plaignait pas, bien au contraire ! Il en jouait, même. Il en était fier. Et jamais cette séquence n'offusqua qui que ce soit, car c'est d'ailleurs moi-même qui l'ai diffusée sur mes réseaux sociaux. Rappelons aussi que mon personnage très putassier et très outrancier dézingue tout le monde à cette période, mes amis y compris ! Tout le monde y passe. Mais quand même pas au point de brûler un être humain, soyons sérieux !

Il instrumentalise donc ce gag et explique avoir beaucoup souffert de ces répercussions au quotidien, obligé de se couper les cheveux car, dit-il, les gens qui le reconnaissaient dans le métro sortaient leur briquet, comme pour rejouer la scène. Pour tout cela, en guise de réparation, il me réclame donc dans sa lettre 195 000 euros. Oui, oui, vous lisez bien, au titre de tout ce qu'il dit avoir subi dix ans auparavant... Je comprends alors très vite qu'on me prend pour la Banque de France et qu'on veut venir se servir au buffet à volonté de ma notoriété. Mais ce n'est pas tout. Il écrit également dans cette lettre que j'ai été l'auteur de violences volontaires avec arme. J'hallucine. Avec arme ?! Il parle réellement du briquet qu'on faisait semblant d'utiliser dans nos vidéos ?! Avec arme !? Non mais là ça suffit d'instrumentaliser ces vidéos parodiques autant d'années après. J'en avertis aussitôt mon avocate, qui procède immédiatement à l'envoi d'un courrier.

Et devinez ce que nous découvrons sur les réseaux sociaux dans la foulée ? Un post d'Olivier Porri Santoro, puisque toute cette petite troupe est de mèche, qui pointe du doigt le nom de famille de mon avocate : Nègre. Il s'amuse à raconter (je vous assure que ce n'est pas une blague) que j'ai fait exprès de choisir une avocate portant ce nom par provocation. « Si toi aussi tu es accusé de racisme antinoir, fais comme Jeremstar, joue la carte de la provocation en engageant Maître Nègre pour menacer de plainte ton ancien caméraman noir français que tu as brûlé. » peut-on lire. Je suis sous le choc et je comprends à ce moment-là que ces gens ne me lâcheront définitivement jamais. Quelle horreur d'utiliser le racisme et la souffrance à des fins pécuniaires. Je suis écœuré. J'ai envie de vomir.

Face à mon refus de payer les 195 000 euros qu'il me demande, il porte donc officiellement plainte durant l'été. La plainte jusqu'alors n'existait pas. Et n'aurait d'ailleurs jamais existé si j'avais payé. Vous comprenez, maintenant ? Je ne panique pas vraiment, je commence à avoir l'habitude, une plainte ne veut pas dire qu'il y aura une suite, ni que je serai condamné. N'importe qui peut déposer une plainte de nos jours. Cela ne signifie rien. Cette plainte, je comprends surtout qu'il va s'en servir pour communiquer. Pour se venger du fait que je ne lui verse pas l'argent qu'il me quémande. Je ne réagis pas publiquement, il n'attend que ça.

Bienvenue dans un monde où les plaintes servent à être balancées sur les réseaux sociaux et dans les médias pour jeter en pâture ceux qu'on veut éliminer.

Ni une ni deux, comme je l'avais prédit, Bob l'Éponge contacte la presse pour brandir sa nouvelle arme de destruction médiatique contre moi : sa plainte.

Une enquête préliminaire est ouverte en septembre 2020. Rebelote : articles en pagaille dans les médias, titres accrocheurs et putaclic : « Jeremstar visé par une plainte pour violences à caractère racial », « Jeremstar de nouveau poursuivi par la justice », « Jeremstar : Le parquet ouvre une enquête contre lui. » C'est reparti. C'est terrible parce qu'à nouveau en lisant ces titres, les gens s'imaginent le pire et y vont de leurs commentaires putassiers sur les réseaux sociaux. Ils ont gagné : ça crée la confusion, ça entache encore une fois mon image et ça me fait souffrir.

C'est terrible parce que la majorité des gens, et particulièrement les abrutis de Twitter, n'ont aucune culture judiciaire. Personne ne comprend que l'ouverture d'une enquête ne veut pas dire que la personne est coupable. La police et le parquet font juste leur travail : vérifier si les faits sont vrais via une enquête.

À ce moment précis, je suis à bout, encore une fois. J'ai des idées noires, je n'en peux plus. Je veux disparaître, qu'on me foute la paix. Ils vont vraiment finir par me faire crever. Je n'en peux plus d'encaisser polémique sur polémique et vague de harcèlement sur vague de harcèlement. Je me demande vraiment au fond de moi si je vais survivre à tout ça. Je ne suis plus sûr du tout. Pour la première fois, je pense au pire. Lassé de me débattre, lassé de cette vie de merde de Jerem-STAR.

Je tiens bon. Mais je ne prends pas la parole à ce sujet, ne voulant pas ajouter de la boue à la boue et apporter à mes détracteurs de la visibilité supplémentaire. Je continue ma vie comme si de rien n'était. En faisant semblant d'aller bien sur les réseaux sociaux. De rire, de sourire. Mes abonnés n'y voient que du feu. Pour eux, je vais mieux après tout ce que j'ai subi en 2018 et je me suis totalement reconstruit.

Maintenant que vous me lisez : vous étiez loin d'imaginer tout ce que je subissais, il y a quelques mois encore d'ailleurs. Combien de fois me suis-je écroulé en larmes après avoir mis en ligne une story ? Combien de fois ai-je disparu pendant une journée entière des réseaux sociaux, n'ayant pas la force de faire semblant. Combien de fois ai-je fait des crises d'angoisse au fond de mon lit ? Combien de fois ai-je eu envie de fermer les yeux et ne jamais les rouvrir ? Mais j'ai tenu malgré tout. Parce que je suis un battant. Et que je voulais SURVIVRE.

La suite de mes épisodes judiciaires reprend donc le 21 janvier 2021 où je suis convoqué à la police judiciaire à 9 heures.

Je ne suis pas dépaysé ce jour-là. Je ne connais que trop bien les lieux – j'y ai moi-même déposé de nombreuses plaintes. Mais cette fois, ce n'est pas vers le bureau de l'officier de police judiciaire qu'on m'envoie. Pour commencer, direction le sous-sol. Seul, sans mon avocate. On me fait asseoir sur un tabouret dans ces couloirs glauques et froids, parmi une dizaine de mecs menottés. Je suis à deux doigts de me demander si je ne vais pas être incarcéré. Mais qu'est-ce que je fais là ? Ça ne manque pas : on me reconnaît. Des détenus m'alpaguent : « Eh Jeremstar qu'est-ce que tu fous là la mif ?! » ; « Ah Jeremstar t'es là pour tes bails avec les mineurs, là ? » La situation est extrêmement humiliante. Je suis au milieu des délinquants et des repris de justice, comme si j'en étais un moi aussi. Un agent de police me sort de ce cauchemar. Pour me plonger dans un autre. Il me conduit dans une salle où l'on prend mes empreintes. Puis on me photographie avec un petit écriteau dans les mains, comme aux USA, vous savez ? J'ai l'impression d'avoir tué quelqu'un, d'être le suspect n°1 dans un reportage sur les serial killers. Personne ne me parle. Sauf un agent qui me reconnaît lui aussi et me demande en se marrant : « Ah Jeremstar ! Alors elle va bien Nabilla ? » Abruti.

Je rejoins mon avocate au rez-de-chaussée et nous pénétrons dans le bureau d'un officier de police judiciaire à l'air renfrogné. À ses premiers mots résumant rapidement la plainte de Bob l'Éponge, je comprends tout de suite que cet homme ne comprend rien à l'affaire. Il sort des mots et des formules qui hors contexte sont choquants. Mais c'est justement là le nœud du problème : le contexte. Je sens que ça va être long. On va y passer six heures. Un calvaire.

Il se montre très vite virulent. Mon avocate devra le tempérer plusieurs fois. Je suis en audition libre. Pas en garde à vue ni mis en examen, donc mollo. Mais ça dégénère plusieurs fois. L'interrogatoire commence avec tout un tas de questions sur mon train de vie, mes revenus, mes dépenses professionnelles et personnelles. Il me rappelle aussi que j'ai été cambriolé il y a quelques années, et me demande ce que j'ai déclaré à la police. Je ne comprends pas. Je suis là dans le cadre d'une enquête financière ou quoi ? Puis au fil des questions cherchant à déterminer un lien professionnel éventuel, je rabâche les mêmes choses : c'était un ami, un accord donnant-donnant, il m'aidait et apparaissait dans les vidéos, en échange de quoi il profitait de ma visibilité, de mes contacts, de ma vie... « Les Interviews Baignoire là... J'ai dû toutes me les visionner, j'peux plus me la voir, votre voix. » me dit-il sans prendre de pincettes... Pardon ? Ce type a clairement un problème avec moi. Puis il me fait écouter des bandes audio, issues de vidéos que, pour le coup, je découvre. De ma voix de diva capricieuse, on m'entend demander à Bob l'Éponge d'apporter du bain moussant, lui dire qu'il travaille pour moi et qu'il doit m'obéir. On m'entend aussi dire sur un ton pimbêche et méprisant : « Vous savez que Jeremstar est un chef d'entreprise, j'ai un staff monstre. » Là encore, même prononcés hors tournage, ces propos sont ceux du personnage odieux que j'incarnais, je ne faisais que prolonger le délire. Et puis on entend que c'est romancé, que je joue, que j'en rajoute. On comprend quand même bien que c'est ironique, que je ne suis encore qu'un amateur... et qu'il n'y a aucun staff autour de moi ! C'est évident pour tout le monde. Sauf pour cet agent de police, qui ne fait pas dans la nuance et prend tout au pied de la lettre.

Vient le sujet des cheveux, vidéo et minutage de la séquence à l'appui. Il me fait part de ses constatations : « Vous lui tirez les cheveux (...) Vous commettez des violences en lui brûlant les cheveux... » Mon avocate bondit, furieuse ! « Mais non, Monsieur ! Où voyez-vous cela ? c'est faux ! À aucun moment mon client ne lui brûle les cheveux, il fait semblant ! » Il soupire. Cette histoire a l'air de l'ennuyer et il est toujours aussi agressif envers moi. Plus tard, il me demande : « Êtes-vous raciste ? » J'ai envie de rire en entendant cette question. Me fait-on un canular ? Les caméras cachées d'une émission vont-elles entrer dans la pièce subitement ? Je me ressaisis. Et j'explique. Je déballe tout. « Non, je ne suis pas raciste. C'est un canular ! Un sketch ! Chacun le jugera drôle ou pas, de bon goût ou pas, mais c'est un gag ! Ou alors il y a une police de l'humour et du second degré et personne ne m'a mis au courant ! Nous sommes tous les deux des personnages, et il est consentant ! Vous voyez bien quand même, Monsieur le policier, qu'il rigole à gorge déployée sur la vidéo. Et vous savez, la fameuse "arme", le briquet, c'est le sien ! C'est lui-même qui l'a fourni pour la mise en scène, pour rire avec moi. Et quand il dit que les gens s'en sont pris à lui dans les lieux publics, c'est faux. Tous les gens qui le reconnaissaient à l'époque étaient mes fans et étaient très bienveillants. Les témoignages de vigils de bars et boîtes de nuit qu'il fournit et qui racontent qu'on s'en est pris à lui, ce sont ses amis. Cette mascarade doit cesser, franchement ! Et êtes-vous au courant de ses propres agissements, en parallèle de sa plainte ? De ses interviews à gogo dans la presse, de ses shootings photos mi-mode mi-victime dans *Entrevue* pour parler de moi ? De sa participation à ce jeu inventé par Santoro invitant les gens à se prendre en photo en faisant un doigt d'honneur devant mon livre en magasin ? De la campagne de cyberharcèlement à laquelle il participe encore une fois, actuellement ? Êtes-vous au courant qu'il s'agit d'une cabale contre moi ? Êtes-vous au courant que j'ai moi-même déposé une plainte contre Olivier Porri Santoro pour les agissements auxquels il se livre depuis des semaines et auxquels Bob l'Éponge participe ? N'avez-vous pas compris qu'il s'agissait d'une ligue contre moi ? D'un complot ? » L'officier de police judiciaire m'apprend alors... qu'il n'est absolument pas au courant de tout cela ! Il a épluché la moindre des vidéos vieilles de quasiment dix ans mais ne s'est pas renseigné sur la personnalité du plaignant, ni sur ce qu'il se passe actuellement sur les réseaux sociaux en marge de toute cette histoire. Encore une fois, c'est hal-lu-ci-nant.

Au fur et à mesure de mes explications et de la description du contexte (un peu comme quand on doit raconter à quelqu'un pourquoi une blague qu'il ne comprend pas est drôle – mais là c'est au commissariat), l'officier de police judiciaire, excédé par un interrogatoire qu'il pensait boucler en deux heures, finit par se détendre un peu. « Je vois. Ça serait dommage que cela finisse au tribunal... », concède-t-il même. Ah bah enfin ! Il a compris ! Mais encore une fois, au prix de combien de temps et d'énergie dépensés ? Finalement, le procureur ne retiendra pas les faits de racisme et de violence. Mais tout cela arrivera bien trop tard. Sur les réseaux sociaux, où tout va beaucoup plus vite que le temps d'une procédure, dans l'esprit de tous, je suis coupable. L'enquête et l'instruction ont beau avoir démonté les accusations, et démontré le contraire, je suis coupable. Le tribunal des réseaux sociaux s'est prononcé depuis longtemps : Jeremstar est forcément coupable, puisque la rumeur le dit. J'étais un pédophile, je suis désormais aussi un raciste. L'enfer n'a donc pas de limites...

La seule chose que le procureur a pour l'instant retenue en revanche, c'est le « travail dissimulé ». Eh oui, j'ai beau avoir expliqué par A+B à tout le monde que nous n'avions pas de relation de travail et que nous étions AMIS, il semblerait qu'il faille encore que je me justifie devant un tribunal. Et là c'est l'éternel même débat : les gens croient que parce que tu es renvoyé devant le tribunal, tu es coupable. Encore une fois, cela ne signifie rien du tout tant qu'un jugement n'a pas été prononcé. Oui, je peux remporter ce procès.

Et le procès, justement, venons-y. Le 28 mars 2022, à 13 h 30, me voici une énième fois de retour au tribunal judiciaire de Paris. Je connais l'endroit par cœur à présent. Je crois que j'y ai passé plus de temps ces derniers mois que chez mes propres parents !

Je suis accompagné par mon avocate et nous nous dirigeons vers la salle d'audience. Même histoire que pour Aqababe et Olivier Porri Santoro : vais-je croiser Bob l'Éponge ? Ah décidément, j'aurais vu tous les gens que je ne voulais pas voir ces derniers temps.

Alors que je suis en train d'arriver devant la porte de la salle d'audience, quelques mètres avant, j'aperçois un mec qui me prend en photos. Un paparazzi avec un énorme objectif. Mon avocate s'énerve et lui interdit de nous prendre en photo. Il continue, indiquant qu'il exécute les ordres que lui ont donnés ceux qui l'envoient. Pas besoin de chercher bien loin pour savoir de qui il s'agit. Décidément, jusqu'au bout ces gens veulent faire le buzz. Jusqu'au bout je comprendrai donc ce qui les motive.

Nous nous réfugions à l'intérieur de la salle d'audience avec mon avocate, escortés par des policiers. La juge ouvre la séance et devinez qui manque à l'appel ? Bob l'Éponge ! J'apprends qu'il est en retard et qu'il ne sait pas quand il va arriver...

Pour quelqu'un qui est soi-disant profondément bouleversé par ce qu'il a subi, il n'est même pas capable d'être à l'heure au rendez-vous « de sa vie ». J'apprends finalement que l'audience est reportée au 4 janvier 2023. Le jour de mon anniversaire... Sympa, le programme à venir de ma fête d'anniversaire ! Ma vie est quand même un drôle de film.

C'est donc à l'heure actuelle le SEUL procès contre moi qui existe. Je ne sais pas si je le remporterai, mais je l'espère, car vous l'avez bien compris, tous ces gens se sont alliés contre moi.

La seule chose qui me chagrine, c'est qu'encore une fois cela va dépendre des personnes qui jugeront l'affaire. De si oui ou non elles estiment que nous étions amis, et de si oui ou non pour elles il y avait une relation implicite de travail.

L'État va-t-il considérer que des charges et des cotisations sociales auraient dû être payées dans le cadre de cette relation amicale ? À suivre...

Chapitre 4

LA FIN DE MON COUPLE

Octobre 2021, Halloween

Sur les posts et les stories de la fête déguisée que j'ai préparée depuis des semaines, je suis léger, joyeux, insouciant. Je ris, je danse. Je fais mon Jeremstar. La vie est belle. Enfin, en apparence... Car en vérité, à l'intérieur, je pleure. Et ce ne sont pas seulement les polémiques et les tracas judiciaires et « merdiatiques » qui me tourmentent. Ils sont omniprésents et continuent de me faire souffrir quotidiennement, mais après plus de trois ans dans l'œil du cyclone, j'ai appris à vivre avec, à m'en détacher (un peu), du moins le temps d'une soirée entre amis. Le temps de déconnecter et de profiter de mes proches. Non, cette fois, ce qui me peine profondément est beaucoup plus intime, beaucoup plus personnel : je le cache, quitte à mentir, et ne l'ai alors encore dit à personne, mais cela fait un mois que Lorenzo et moi sommes séparés. La fin d'une relation passionnée, aimante, mais aussi compliquée et tumultueuse. Flash-back.

En 2017, je suis au sommet de ma carrière. Je suis chroniqueur dans l'émission de Thierry Ardisson « Les Terriens du dimanche », sur C8, mon activité sur les réseaux sociaux et sur le Web cartonne, mes séances de dédicace dans des centres commerciaux virent à l'émeute, je suis le phénomène médiatique du moment, la personnalité française dont le nom est le plus recherché sur Google. C'est une période de folie dont je profite à 1 000 %, je vis ma meilleure vie, sans que toute cette agitation autour de moi ne me fasse péter les plombs. À cette époque, aussi, en plus de mes millions de fans et des personnalités du show-biz que je rencontre ou que je fréquente, ma notoriété draine un nombre incroyable de « gratteurs » et de gens intéressés qui cherchent à intégrer mon cercle par tous les moyens. C'est un grand classique, je ne suis pas le premier à qui cela arrive. La rançon de la gloire, comme on dit, ou plutôt le revers de la médaille. Je sais comment ça marche, et je l'assume. Pour faire face, ma garde rapprochée – dont je ne me méfie pas et qui, je ne le sais pas encore, va précipiter ma chute – me « protège » des parasites extérieurs.

En 2017, je suis donc la star que j'ai toujours rêvé d'être, j'ai un entourage que je crois solide et fiable, j'ai l'impression d'être le centre du monde et pourtant… je me sens terriblement seul !

Personne ne partage ma vie intime et sentimentale, je n'ai pas d'amoureux, pas de mec. Je n'ai d'ailleurs jamais eu de relation longue – ce qui surprend beaucoup de monde – par crainte de m'attacher et par peur d'être déçu. Et alors, niveau sexuel n'en parlons pas, c'est le néant ! Je suis une sœur au couvent ! Il ne se passe rien, mais alors rien du tout. Je rencontre bien des mecs sur les réseaux sociaux, on discute, on plaisante, on se dragouille mais ça n'aboutit jamais à quoi que ce soit de concret. Du fait de ma notoriété, je ne peux évidemment pas m'envoyer en l'air avec le premier venu, ce qui n'est de toute façon pas mon style. Je ne suis pas quelqu'un qui fait ce qu'on appelle des « plans cul », le milieu gay me fait peur, je suis beaucoup trop timide et d'un naturel pudique et j'ai peur d'être filmé à mon insu ou piégé. Mais je me rends compte que je suis en train de passer à côté de ma vie, d'un point de vue sentimental en tout cas, et que j'ai aussi besoin de me sentir vraiment aimé, autrement que par mes fans et mon entourage. Si je devais parler de moi à la troisième personne, genre Alain Delon, je dirais que Jeremstar est au top mais que Jérémy Gisclon, lui, est au fond du seau.

Depuis quelques mois, j'ai donc décidé de provoquer un peu le destin : chaque soir, sur Snapchat, je poste une sorte de petite annonce, une story sur fond noir qui dit : « Si tu es musclé et sexy, envoie une photo ! » Parfois je précise que c'est encore mieux si la personne est de type méditerranéen – c'est mon style de mec, brun, un peu « typé ». Ce petit jeu va durer une bonne année. Des mecs m'écrivent, m'envoient des photos, etc. Je papillonne virtuellement, sans que ça matche vraiment. Cela va même devenir un running gag, une sorte de série à épisodes attendus par mes fans qui me demandent discrètement, quand je les croise, si je l'ai trouvé, ce mec « musclé et sexy ».

En mai 2017, je fréquente depuis quelques semaines un homme avec qui ça ne se passe pas bien. Il est physiquement et psychologiquement hyper violent avec moi. Je commence alors vraiment à me désespérer de cette vie de star adulée par tout le monde mais dont la vie privée, en parallèle, tourne au désastre. Un soir, dans un élan de désespoir et de solitude, et pour me défaire aussi de cette relation toxique, je poste de nouveau ma fameuse petite annonce. Et un certain Lorenzo y répond... Le mec est tellement beau que d'abord, je crois à un *fake*. Mais non... On commence à parler et on se rencontre le lendemain. Nous nous voyons dans le Sud. Je me souviens notamment d'un matin magique : au réveil, je suis sur la terrasse encore chiffonné de ma nuit de sommeil, les dents pas lavées, et je le vois qui me regarde comme si j'étais la huitième merveille du monde. Pour lui comme pour moi, notre relation est une évidence... Ensuite, tout va alors très vite : sans se le dire, sans penser au lendemain, sans se poser de questions, on se retrouve en couple. Tout se fait simplement, naturellement.

Tout va pour le mieux dans le meilleur des mondes quand survient la polémique de janvier 2018, le « Jeremstar Gate », qui sera le début de notre fin. Nous sommes chez moi, à Paris, quand le scandale éclate. Lorenzo est censé rentrer chez lui, mais il décide de rester à mes côtés pour me soutenir. Nous ne nous connaissons que depuis quelques mois, il aurait donc pu fuir, prendre peur et me larguer. Il va au contraire rester auprès de moi durant deux mois, chez un ami, dans un autre appartement pour éviter les paparazzis présents en bas de chez moi.

Cette polémique a petit à petit affaibli notre couple et notre relation, jusqu'à la séparation, que j'ai annoncée en novembre 2021. Le poids des scandales, les procédures judiciaires, tout ce foyer d'emmerdes à répétition, le tourbillon médiatique et le climat anxiogène qui nous entouraient n'ont clairement pas aidé à l'épanouissement de notre histoire. Pourtant Lorenzo a fait de son mieux pour être présent à mes côtés et me soutenir, quand bien même il ne comprenait pas tout de ce qu'il m'arrivait. Quasiment du jour au lendemain, il s'est retrouvé dans l'œil du cyclone, éclaboussé lui aussi par des rumeurs infâmes, la plus terrible ayant été relayée par des candidats de téléréalité affirmant qu'il serait un « escort », un prostitué que Babybel m'aurait présenté via son odieux rabattage orchestré à mon insu, ce qui est absolument faux ! Un comble quand on sait que les candidats de téléréalité qui relayaient ça étaient eux-mêmes en couple avec une escort. Cette rumeur va le suivre durant les quatre ans de notre relation et il recevra énormément de messages à ce sujet, le vivant de plus en plus mal.

Mais avec le recul, je dois admettre que je ne sais pas si notre histoire aurait pu durer, même sans les polémiques de ces dernières années. Pourquoi ? Parce que lui qui aspirait à la vie de Monsieur Tout-le-monde s'est retrouvé dans le « Jeremstar system » qui, dans les coulisses du quotidien, n'est pas du tout évident à vivre.

Être en couple avec moi, cela veut dire être pris en photo dans la rue, être poursuivi par des paparazzis, devenir un personnage public, être en une de magazines people et faire l'objet du voyeurisme du Web. Tout le monde voulait savoir qui était mon mec. C'était souvent gentillet mais rien que ça, c'était pesant. Il nous était par exemple impossible de dîner tranquillement au restaurant et d'y passer un moment en amoureux, rien qu'à nous. À chaque fois, des fans venaient s'incruster. Il n'y avait rien de méchant, mais comme je partage quasiment toute ma vie sur les réseaux sociaux, certains manquent de respect et de distance et ne font plus la différence entre le personnage public et l'individu en mode « privé ». Donc les gens m'accostent, me tapent sur l'épaule, me prennent pour leur pote, s'assoient à notre table, demandent un autographe ou une photo... que Lorenzo doit prendre. Ces moments-là ont généré beaucoup de tensions entre nous.

Il me balançait régulièrement cette phrase : « Moi, je n'y gagne rien à être connu. »

Contrairement à d'autres personnalités de la téléréalité et des réseaux sociaux, je n'ai jamais voulu mettre en scène mon couple à des fins professionnelles, ni voulu faire de mon mec un influenceur. Et je rejetais l'idée que mon couple devienne mon projet professionnel, comme tous ces gens qui médiatisent le leur et dont l'actualité, c'est d'avoir une nana ou un mec. Moi, mon actualité, c'est de monter sur scène, d'écrire des livres, de faire des interviews... J'ai toujours dit à Lorenzo : « On est en couple, tu apparais sur mes réseaux sociaux si tu le souhaites mais pour autant, je ne veux pas faire de toi un produit marchand. »

Pour donner une chance à notre relation naissante, Lorenzo fait le choix de s'adapter à ma vie trépidante. Il quitte un emploi et en cherche un autre, mais il met ses aspirations professionnelles sur pause. Comme j'ai souvent l'opportunité d'emmener quelqu'un avec moi pour un voyage organisé par une marque, il m'accompagne, mettant un petit peu sa vie en stand-by pour que notre relation fonctionne. Pour moi. Pour nous. Pour qu'on ait le temps d'apprendre à se connaître. La vie que je mène est de toute façon difficilement compatible avec celle de quelqu'un qui travaille de 9 h à 18 h en semaine, avec cinq semaines de congés par an. Je n'ai rien contre ça, je ne critique pas, ce n'est juste pas moi. Moi, je vis à droite, à gauche, je descends d'un train pour monter dans un avion, j'enchaîne les rendez-vous, les voyages, les interviews, les dédicaces... Je vis à 2 000 à l'heure. Mais très rapidement, je m'aperçois qu'il est en train de s'oublier. Très vite, il n'est plus Lorenzo aux yeux des autres. Il est « le mec de Jeremstar ».

Au quotidien, nos deux mondes se côtoient mais s'opposent. De mon côté, on ne va pas se cacher les choses, je touche de grosses sommes d'argent via mes différents contrats. Et lui trouve ça fou d'être autant payé pour un placement de produit, une opération marketing, voyager... Il découvre ce monde-là et trouve cela très bizarre.

Notre très grosse différence de revenus va régulièrement générer des tensions, une sorte de gêne. Par exemple, je peux me permettre de prendre un billet d'avion pour New York et y être le lendemain sur un coup de tête ! Lui, comme la grande majorité des gens, n'a pas ces moyens-là. Alors évidemment je l'aide, mais je ne peux pas tout le temps le faire. Mon mec n'est pas un michto ! C'est donc très compliqué de trouver un équilibre. Quand il décroche un job – il est responsable de boutique –, les clients le reconnaissent, viennent le voir et lui disent: « T'es bien le mec de Jeremstar ? Mais qu'est-ce que tu fous là ? » Les gens pensent que, comme il est avec moi, il vit à mes crochets et que je l'entretiens. Il finit par me confier avoir honte d'aller travailler depuis que nous sortons ensemble.

J'ai le sentiment qu'il n'arrive pas à trouver sa place, à exister pas par lui-même: personne, dans mon entourage ou dans la rue, ne s'intéresse réellement à lui... Il est constamment le « mec de ». Jamais on ne l'interroge sur sa vie personnelle, professionnelle. Jamais on ne lui demande s'il va bien. Il est harcelé de questions sur moi. C'est toujours: « Tu peux dire à Jerem que j'adore trop Jerem », « Il est comment Jeremstar en vrai ? ». Pour lui, c'est pesant.

Pourtant, on ne vivait pas l'un sur l'autre. On n'était pas installés ensemble. Je pense que je ne suis pas fait pour vivre avec quelqu'un. Je lui ai toujours dit que je voulais reproduire le schéma de vie de ma mère qui est avec quelqu'un depuis quinze ans, mais qui ne vit pas avec son homme. J'ai toujours eu besoin d'avoir un environnement à moi pour créer, pour pouvoir faire mes trucs, travailler si j'ai envie de faire un montage la nuit sans avoir quelqu'un qui râle parce que je fais du bruit. J'ai ce besoin vital de vivre seul.

Le confinement de mars 2020 rend les choses encore plus compliquées. On le passe ensemble, chez moi. Et, évidemment, ça se passe mal. Comme beaucoup de couples qui se retrouvent du jour au lendemain l'un sur l'autre. Je vis très mal de vivre à deux, je me sens complètement étouffé. Je n'ai plus le contrôle sur ma vie, je n'arrive plus à me concentrer sur mes projets, je me sens devoir tout faire et penser à deux. J'ai beaucoup de difficultés à le gérer. On s'embrouille souvent. Je m'aperçois qu'au quotidien, nous sommes vraiment différents. Moi, pour me poser le soir devant Netflix, c'est un exploit ! Je suis toujours en train de créer : des vidéos pour Instagram, Tiktok, mon prochain livre, mon prochain jeu, ma prochaine interview... J'ai toujours un projet sous le coude. Lui aspire à autre chose.

Et alors quand une seconde polémique « Jeremstar War » éclate, alors là, tout empire. Les insultes sur les réseaux sont encore plus vives, le cyberharcèlement encore plus intense. Il me soutient de nouveau beaucoup, au début. Mais après toutes ces semaines, ces mois, ces années, avec l'enchaînement des scandales, les plaintes, le cyberharcèlement, il supporte de moins en moins cette vie. Et lui-même subit des insultes, est traité de pute et d'escort tous les jours – certaines personnes sont réellement convaincues que je payais mon mec ! Sur les réseaux sociaux, où mes fans se mettent aussi à le suivre : ils l'aiment bien, vu que c'est quelqu'un qui me rend heureux, donc les gens ont de la tendresse et de l'affection pour lui, lui écrivent... Sauf que, parfois, il reçoit des messages négatifs. Ce n'est vraiment pas facile pour lui qu'on lui reproche d'être « en couple avec un pédophile » ; pas évident pour lui d'être à Bali en vacances et de devoir faire face à des blaireaux qui le mettent dans le même panier que moi et d'entendre : « Alors, vous êtes venu violer des gosses !? » Et il me répète fréquemment : « Moi ça ne m'apporte rien du tout, tout ça. Si encore je gagnais de l'argent en "contrepartie", mais non, même pas ! J'ai la vie de quelqu'un de célèbre, mais sans l'argent qui va avec. On me reconnaît dans la rue, on me pose des questions sur toi, on me traite de pute, on me lynche... J'ai tous les côtés négatifs de la célébrité, mais aucun aspect positif ! » Compliqué de lui donner tort dans un sens. Et le plus rageant dans tout ça, c'est que je n'ai pas non plus envie de vivre avec quelqu'un baignant professionnellement dans le même milieu que moi. Déjà qu'il y a peu de frontières entre ma vie, que je mets en scène dans le cadre de mon travail, si en plus de ça mon mec a le même métier que moi, mais tu pètes un câble ! J'ai besoin de faire des choses plus normales et plus simples avec mon mec. Mais aussi, a contrario, d'un homme qui comprenne cette vie, qui soit parfois d'accord pour tourner mes vidéos, qui accepte d'être filmé. Un équilibre visiblement difficile à trouver…

Avec Lorenzo, les discussions à ce sujet virent systématiquement à la dispute. On ne s'en sort pas. On retombe sans cesse dans le même cercle vicieux : j'avance, il s'oublie, constamment relié à moi. Il en devient parfois désagréable envers les fans qui viennent me voir, me parler. Moi, je ne peux pas me permettre de les rejeter… Ce qui fait que les gens me suivent et m'apprécient, c'est un peu ce côté téléréalité immersive, authentique : je me confie aux gens, mon public, j'ai un lien très fort avec eux, ce sont mes confidents, j'ai besoin de leur parler. Mes réseaux sociaux sont devenus un journal intime numérique. La personne qui partage ma vie doit comprendre et accepter que je mélange le privé et le business, c'est comme ça.

Nous nous sommes quittés après un ultime clash à ce sujet. Il n'y a pas eu de tromperie. Jamais. Nous avons rompu parce que nous étions malheureux. Lui qui était mon mec, mon confident, mon meilleur ami, celui grâce à qui j'avais coupé les ponts avec certains membres toxiques et malveillants de mon entourage, celui qui m'avait fait devenir quelqu'un de meilleur, est devenu un étranger, du jour au lendemain. On n'a même pas eu la force ni l'envie de discuter. Il n'y avait plus rien à dire. On a dit stop, on s'est bloqués, et depuis, nous ne nous sommes pas reparlé.

Cette rupture a été très étrange. Elle m'a fait beaucoup de peine car on ne s'est même pas dit au revoir. Ni même « bonne continuation ». Nous avons disparu l'un pour l'autre de manière brutale. Nous nous sommes quittés alors que nous nous aimions encore.

C'est terrible de se dire que quelqu'un qui a compté dans ta vie et avec qui tu partageais tout disparait du jour au lendemain, comme s'il était mort.

J'ai beaucoup pleuré. En secret le plus total. Car j'ai caché cette rupture pendant longtemps sur les réseaux sociaux. C'était d'ailleurs infernal car je recevais tous les jours des messages insistants. « On ne voit plus ton mec, vous avez rompu ? », « Il est passé où ton chéri ? Vous êtes si mignons ensemble », « J'espère que je me trompe et que tout va bien. » Non, ça n'allait pas du tout. Et je redoutais le moment où il allait falloir annoncer cette rupture.

Tout le monde a été sous le choc quand je l'ai annoncée. Certains ont même écrit : « Si même eux se séparent, alors je ne crois officiellement plus en l'amour. » Comme je ne montrais que le positif sur mes réseaux sociaux (comme tout le monde...), les personnes qui me suivent ont été très choquées. Maintenant, elles connaissent les raisons et l'envers du décor de cette rupture brutale...

Même si nous sommes séparés, je lui souhaite d'être heureux. Il restera quelqu'un qui a compté pour moi et que j'ai également profondément aimé. Il a été présent à des moments de ma vie que je n'oublierai jamais. Je me souviens encore avec émotion, et mes larmes coulent quand j'écris ces lignes, qu'il me portait pour me laver pendant le « Jeremstar Gate » car j'étais incapable de marcher tellement j'étais effondré par ce que je vivais. Il a joué un rôle très important durant cette atroce polémique et je lui en serai toujours reconnaissant. Je ne l'oublierai jamais.

Il a écrit à ma mère à plusieurs reprises après notre rupture. J'ai su aussi par des amis en commun que je lui manquais. Il essayait de prendre des nouvelles de moi de manière indirecte. Mais nous ne nous sommes JAMAIS reparlé. C'est dingue quand on y pense. J'ai l'impression qu'on s'est quittés hier alors que cela fait déjà un an. Où est passé le temps ? J'ai l'impression qu'on va se retrouver comme on le faisait après l'un de mes voyages professionnels. Sauf que là, c'est un nouveau voyage que je m'apprête à faire sans lui. Le voyage du reste de ma vie. C'est triste mais c'est ainsi.

Je ne pense pas qu'un jour nous nous remettrons ensemble. Mais peut-être que nous nous reparlerons ? Quoi qu'il en soit, il a fait partie de ma vie et je n'effacerai pas notre relation. Je n'ai d'ailleurs jamais supprimé nos photos et nos vidéos de mes réseaux sociaux. Je ne comprends pas les gens qui font ça après une rupture. Cette histoire fait partie de ma vie. Il a compté pour moi et comptera pour toujours.

Avec le recul, je me dis encore une fois que ma notoriété et tous les ennuis qui s'empilent depuis cinq ans m'ont joué des tours. Cette rupture, c'est aussi en partie la faute aux rumeurs odieuses et au cyberharcèlement !

Aujourd'hui, je suis donc de nouveau seul. Ce ne sont pas les prétendants qui manquent, pourtant ! À l'annonce de la rupture, c'est comme si le gong avait sonné : j'ai croulé sous les demandes, les fauves étaient lâchés ! J'ai tout de suite vu qu'il y avait plein de « michtos », des gratteurs qui rêvent de gloire et seulement être le nouveau mec de Jeremstar...

Et puis je dois aussi admettre que, même si je ne les fuis pas, je crains les nouvelles rencontres, par peur de tomber sur quelqu'un qui me posera les mêmes problèmes que toutes ces personnes qui m'en ont déjà causé, prêtes à balancer sur moi à la moindre occasion pour se faire connaître. Je ne suis pas encore prêt à refaire confiance.

Tout cela me fait me poser beaucoup de questions sur ma future vie amoureuse. Je ne fais pas une priorité d'être en couple, je n'ai pas besoin de l'être pour avancer et être heureux, je n'ai pas envie de me marier à tout prix, mais quand même... J'aimerais rencontrer quelqu'un de sain, d'équilibré socialement, d'indépendant professionnellement et qui puisse se fondre dans mon paysage, dans cette vie trépidante, intense, palpitante dont j'ai toujours très envie. Est-ce que j'en demande trop ?

En tout cas, après cette relation de quatre ans et cette rupture aux raisons compliquées, je tire définitivement la conclusion que la célébrité est quelque chose de très particulier. Je me suis posé la question : « Est-ce que je ne serais finalement pas plus heureux si je n'étais pas célèbre, si je n'avais pas tout ça ? » D'un côté oui, sûrement. Mais j'avoue aussi que je serais incapable de retomber dans l'anonymat du jour au lendemain. J'aime mon personnage, il est ma plus grande force, ma plus grande réussite. Je ne peux pas abandonner tout ce que j'ai construit, je suis très fier de tout ce que j'ai accompli – c'est important de se féliciter aussi, et d'être fier de soi.

Chapitre 5

MA VIE, UN ENFER

C'était une belle matinée de printemps. De celles dont il faut savoir profiter. Cela m'arrive très peu. Pour ainsi dire jamais. Ma vie est mon travail, et mon travail est ma vie. Et dans cette vie sans week-end, toujours en voyage mais rarement en vacances, avec mille projets sur le feu et mille tourments pesant sur mes épaules, je ne me pose jamais. Jamais. Ce jour-là, en pleine semaine, je m'accorde le luxe de « couper ». De faire un truc simple : une balade et un déjeuner avec mon amie Sheryfa Luna. Mais il faut croire que j'ai beau tout faire pour m'extraire du monde et de ses emmerdements, la réalité me rattrape partout, même au fin fond d'un parc quasiment désert à Paris. À peine sommes-nous assis sur un banc qu'un homme, l'air hostile et agité, traînant une valise et un sac de sport, fonce sur nous. Je n'ai pas le temps de réagir qu'il a déjà le visage quasiment collé au mien, me pointe du doigt et me lance : « C'est toi le pédophile de la télé ! » Puis il m'insulte, enfin j'imagine – il alterne entre le français et l'arabe. J'ai le sang glacé. J'ai peur. Que va-t-il faire ? Me frapper ? Me planter d'un coup de couteau ? Les pires scénarios défilent dans ma tête. Je suis tétanisé, physiquement coincé sur ce banc par cet homme auquel Sheryfa et moi ne pouvons échapper. Je tente de calmer le jeu. J'explique. « Non, monsieur, tout ce qui se dit est faux. Ce sont des rumeurs mais il n'y a rien, la police et la justice l'ont prouvé. » Il n'y croit pas : « T'es dans les médias, t'as dû magouiller et les payer pour étouffer le scandale. » L'instant est lunaire, d'une violence sans nom. Sans qu'on lui demande quoi que ce soit, il poursuit : « Je suis sorti de prison ce matin. J'avais posé une bombe dans Paris, mais on m'a arrêté juste avant que ça pète. Mais on va le faire cet attentat, je connais du monde en prison, dès qu'ils sortent, on va le faire, ça va être un bain de sang... » Impossible de savoir si ce qu'il dit est vrai, mais à ce moment-là, je suis en panique totale. Je suis en train de me faire agresser par un terroriste ! Et si c'était maintenant, le bain de sang ? Je suis terrorisé. Je tremble. J'essaie de voir s'il n'a pas une ceinture d'explosifs. À ce moment-là, je me dis que tout peut arriver. Il me parle de politique, du gouvernement. Il est très remonté. Ce mec s'exprime très bien et a l'air très affirmé dans ses prises de position. J'en arrive donc à lui dire, pour qu'il me lâche la grappe, que je suis d'accord avec lui. Je lui fais croire que j'ai la même haine pour le gouvernement que lui. Que je le comprends, que je pense comme lui. On reste là, bloqués, à écouter ses délires, pendant une bonne heure. Impossible de bouger, il nous bloque. Nous sommes otages. Quand je tente de me lever pour partir, il me retient et me plaque sur le banc. Il finit même par me tenir très fort par le bras, alors que je me suis rassis, pour que je l'écoute. La scène est terrifiante. Vraiment. Il n'y a personne dans ce parc pour nous aider, nous sommes vraiment seuls. Nous ne pouvons plus partir. Il nous l'interdit. « Vous restez là, vous allez bien écouter tout ce que j'ai à vous dire. Toi aussi, petit pédé pédophile. Tu fermes ta gueule et tu m'écoutes si tu veux que les choses se passent correctement. » Un moment terrible, qui au moment où je vous le raconte, me glace encore le sang. Je commence à paniquer, j'ai envie de pleurer. Je dois garder mon sang froid. Sheryfa n'est pas rassurée non plus, je lis la panique dans ses yeux. Nous sommes sous le choc. Cette journée censée être zen a viré au cauchemar en quelques secondes. Nous finissons par réussir à nous enfuir en courant pour nous réfugier dans un restaurant chinois à qui nous demandons de fermer les portes. Nous racontons la scène surréaliste que nous venons de vivre. Les employés sont choqués. J'appelle le commissariat et signale donc l'incident et la présence de cet homme dangereux dans la nature. À peine cinq minutes plus tard, une personne d'une cellule antiterroriste me rappelle, m'informant qu'une patrouille va immédiatement débarquer. La chose est prise très au sérieux. Cet incident m'angoisse pendant plusieurs jours. Je réalise que voilà, désormais, ma vie, ce sera ça : vivre dans la crainte de devoir affronter ce genre de situations, sur Internet comme dans la « vraie vie ». Et je n'exagère pas. Car le cyberharcèlement, – ce que personne ne semble comprendre, pas même la justice –, a des conséquences réelles. Au quotidien et plus seulement sur Internet. Il faut croire que j'attire les déséquilibrés parce que deux autres incidents très choquants me sont arrivés.

Il y a quelques années, j'étais dans un studio pour un tournage. Le standardiste m'appelle : « Quelqu'un vous demande à l'accueil. » Bizarre, je n'attends personne. J'y vais. Et là je tombe sur un homme hyper agité qui me hurle dessus : « Jeremstar, j'ai écrit un livre mais comme je suis personne, aucun média ne veut m'inviter pour que je raconte ce que je subis ! Donc, tiens, voilà mon livre, et tu as intérêt d'en parler à Thierry Ardisson sinon je te bute. T'as compris ? J'ai tout ce qu'il faut. J'vais te buter fils de pute si tu fais pas ce que je te dis. » Évidemment, on appelle la police, du coup il quitte les lieux, que l'on ferme à double tour. Nouveau choc émotionnel. Depuis, je suis obligé de diffuser mes stories en décalé, pour qu'on ne puisse pas me repérer.

Autre mésaventure, l'été dernier, au bois de Vincennes, cette fois, en pleine interview pour mon programme « Baby Story ». Je suis avec une maman, Émilie, accompagnée de sa fille de dix-huit mois, ex-candidate de l'émission « Mariés au premier regard » sur M6, elle aussi prise dans des polémiques sur les réseaux sociaux à cause de son ex-mari, et qui ne va donc pas super bien. On pose notre pique-nique. Le tournage débute. Elle me raconte ses difficultés d'être une maman solo. Jusqu'ici, tout va bien. Un homme, joint de cannabis au bec, s'assoie près de nous. Le parc est grand. Pourquoi venir si près ? Étrange. Je me rends compte qu'il écoute notre conversation et d'un coup, il se lève et vient vers nous : « C'est faux ce que vous dites, Madame ! C'est pas dur d'élever un enfant, hein, moi je m'en sors très bien, et faut pas répercuter vos problèmes sur eux, hein ! » On se rend vite compte qu'il n'est pas dans un état normal. On ne bronche pas. Mais lui, il enchaîne. « Et toi, là ! T'es Jeremstar, hein, c'est ça ? C'est toi qu'es dans des histoires de mineurs chelou, hein ? » Et voilà, c'est reparti. Ça va être quoi, cette fois ? Je m'attends au pire, une fois de plus. Je n'ai pas le temps de me poser la question que ça part en vrille. Le mec monte d'un cran : « En fait je m'en tape de tes histoires de gogol là, mais ma femme t'aime bien. Ah, bah, elle arrive là... » La femme en question arrive, avec ses trois enfants. « Hé, regarde, c'est Jeremstar ! Ils disent n'importe quoi sur l'éducation avec l'autre là. » Émilie s'énerve : « Mais vous savez quoi de mon histoire, monsieur ? Vous connaissez quoi de ma vie ? Qu'est-ce qui vous permet de me juger ? » Là, le type pète littéralement un câble : « Mais tu veux quoi, sale pute ? J'en ai rien à foutre de vos histoires de people et de pédophile ! » Encore un qui croit à tout ça... Il devient vraiment agressif, physiquement. « Sale pédé, sale pédophile, j'vais te niquer ta mère. J'vais te massacrer, viens là. Tu vas avoir une raison d'aller porter plainte, t'inquiète. » Ça devient vraiment très très chaud. J'ai qu'une envie, c'est de répondre. Mais je prends sur moi. Mon caméraman s'interpose. Mon invitée prend sa fille dans ses bras et s'en va, en larmes, totalement paniquée. Et moi, je suis obligé de plier bagages, sous les insultes. On s'en va tous. Le plus hallucinant, c'est que la compagne de ce mec me court après et a le culot de me demander une photo. Non mais comme si c'était le moment. Après ce qu'il vient de se passer. Bonne pomme, j'accepte de faire la photo et je m'en vais. Je retrouve mon invitée près de la voiture. Elle tremble de peur, fond en larmes. On se verrouille dans la voiture. Quel choc, encore une fois. Et toujours le même constat : dans la tête des gens, Jeremstar = pédophile.

Je suis blanchi depuis des années, mais non, le soupçon persiste. Je suis libre et innocent aux yeux de la loi, de la justice, casier vierge, mais le tribunal de la rumeur, alimentée par l'acharnement de quelques menteurs et véhiculée par la bêtise et la cruauté de milliers de lâches derrière leurs écrans d'ordinateurs et quelques tarés dans des lieux publics, me condamne à perpétuité. Je ne suis pas mort, physiquement mais à l'intérieur, c'est le cas. Je vis dans le stress, la boule au ventre – littéralement, pas une journée ne passe sans que je ne souffre de fulgurantes remontées d'acide. Je me réveille la nuit, tremblant et en sueur, comme après ce cauchemar de policiers qui sonnent à ma porte, m'embarquent et me jettent en taule.

Moi qui étais d'un naturel jovial et avenant, bras ouverts vers ceux qui me tendaient les leurs dans la rue, toujours heureux de faire une belle rencontre (et sans doute un peu naïf, ne voyant pas le mal), je suis désormais quelqu'un qui se méfie de tout et de tout le monde. Je sais que je n'ai rien fait, mais je sais aussi que les autres pensent potentiellement le contraire. C'est comme s'il y avait une sorte de gêne permanente à mon égard. Et quand les personnes que je rencontre ne me connaissent pas et tapent mon nom sur Google devant moi, leur regard change et leur visage se ferme aussitôt. C'est encore arrivé pas plus tard que l'été dernier, sur un bateau, à Athènes. Une mère de famille s'approche et me dit : « Je ne sais pas qui vous êtes ni ce que vous faites, mais ma fille vous connaît et aimerait faire une photo avec vous. » Oui, bon OK. On n'avait pas fini de la prendre, cette photo, que cette dame, ayant tapé mon nom sur Internet, me lance : « Ah mais vous n'êtes pas chanteur ou acteur ? C'est quoi tous ces scandales que je lis sur Internet ? » Choquant ! Je suis tranquille en vacances, je ne demande rien à personne, j'accepte de faire une photo et on vient encore me faire chier avec ces polémiques ! Et c'est comme ça presque tous les jours. Ces agressions du quotidien ont des répercussions terribles sur moi. En plus des dizaines de contrats perdus et des sommes folles dépensées pour me défendre et laver mon honneur, les polémiques, les accusations, les mensonges, l'acharnement, le cyberharcèlement, la malveillance des réseaux sociaux et la *cancel culture* dont je suis victime m'ont fait perdre une chose très précieuse : moi-même. Depuis de longs mois, je tente de refaire surface, d'oublier, d'avancer, d'évoluer, porté par ma nouvelle ligne éditoriale, plus bienveillante et loin de ce monde abject de la téléréalité qui me colle pourtant toujours aux basques (lire chapitre 7). J'essaie tant bien que mal de retrouver mon innocence et ma joie de vivre, de renouer avec l'état d'esprit du mec que j'étais avant, notamment grâce à mon one-man-show, cette bulle d'air que je partage avec mon public et qui me fait penser que l'humanité existe encore. Je me raccroche à ça. Son soutien est précieux.

Mais en vérité, je suis amer, triste, déprimé. C'est très douloureux pour moi de l'admettre, mais je sais dans le fond que mon moi d'avant est mort.

J'en veux évidemment terriblement à tous les responsables de cette cabale, toutes ces personnes qui m'ont traîné dans la boue par jalousie, cupidité, ces gens toxiques que j'ai décidé d'écarter de ma vie et qui par vengeance ont colporté ces immondices sur les réseaux sociaux, dans les médias, dans les commissariats et les Palais de Justice. Mais j'en veux aussi à leurs « complices » : la justice justement, et une grande partie des médias et du show-biz, qui ont participé à ce que ma vie devienne un enfer. Oui, on le sait, la justice est lente et a besoin de temps pour faire son travail. Mais est-elle obligée de faire la sourde oreille ? Est-elle obligée de me refuser le droit de me défendre ? Est-ce normal que j'en arrive à supplier un procureur ou une juge d'instruction pour qu'ils daignent simplement m'écouter ? À quel moment la justice va-t-elle se réveiller et comprendre que le cyberharcèlement est un crime de notre époque et un délit qui est en train de gangrener toute une génération ? Est-elle au courant que 46 % des mineurs ont déjà été insultés par une ou plusieurs personnes sur les réseaux sociaux ? Lit-elle les journaux qui relatent beaucoup trop souvent le suicide d'adolescents poussés à bout ? Quand va-t-elle arrêter de conseiller aux victimes, comme on me l'a dit des dizaines de fois, d'éteindre leur téléphone et leur ordinateur pour mettre fin à leurs problèmes, au harcèlement ? Ces cinq dernières années, au fil de mes dépôts de plainte, convocations et audiences au tribunal, j'ai vu des policiers, des psys, des juges, des procureurs et des avocats incapables de prononcer correctement les mots Twitter et Instagram, le dédain au bout des lèvres, et écarquiller les yeux en découvrant la haine et l'horreur qui se propagent dans ce monde du Web, selon eux virtuel, dont ils admettent ne rien comprendre. Que faut-il faire pour les sensibiliser, les informer, les former ? Doit-il y avoir encore plus de morts et de vies gâchées ? Je n'ai pas assez de mots pour exprimer ma rage et ma colère. Et ce qui me rend encore plus dingue, c'est que le laxisme, l'ignorance et la lenteur de la justice plaident en faveur… des harceleurs. Car pendant qu'elle ne fait rien, pendant qu'elle feint de comprendre ce qu'il se trame, les délinquants du Web, eux, ne s'arrêtent pas ! Limite, elle leur donne raison et les encourage, puisqu'elle ne réagit pas. Ou condamne si peu à mon goût. Ou alors trop tard. Cela fait donc des années que je hurle au secours et cours derrière la justice pendant que mes harceleurs sont à mes trousses. Et crient victoire ! Ce cercle infernal m'épuise et me mine le moral. Tous les jours. Depuis cinq ans. L'enfer. L'enfer judiciaire.

J'en veux aussi énormément aux médias. D'abord parce que depuis cinq ans, à chaque fois qu'ils traitent un rebondissement, font l'écho d'une nouvelle polémique ou relatent une décision de justice, ils titrent systématiquement « affaire Jeremstar », même quand je ne suis pas concerné. Babybel est condamné dans un procès dont l'enquête préalable m'a blanchi ? On titre sur mon nom, et avec ma photo, pas sur le sien. Aqababe ou Bob l'Éponge font des « révélations » ? Idem, c'est Jeremstar qui fait les gros titres. C'est plus vendeur, ça fait du clic, ça augmente les chances de voir l'article en tête de Google actu. Ainsi fonctionnent les médias. Le problème, c'est qu'un lecteur qui passe en moyenne moins d'une minute sur une *breaking news* et ne lit que les grandes lignes, va automatiquement penser que je suis une nouvelle fois incriminé et au cœur d'un scandale, même quand ce n'est pas le mien ! Je subis cela en permanence. J'ai beau contre-attaquer, via des communiqués de presse, des posts ou des interviews (quand on veut bien me prendre au téléphone, ce qui est rare quand c'est pour raconter que je n'ai rien fait), le mal est fait et se répand. D'autant que Google a de la mémoire. Rien ne s'efface. Tapez mon nom dans un moteur de recherche et vous verrez : je suis le diable incarné ! Et quand c'est moi qui suis victime, qui accuse ou qui attaque, silence radio ! Heureusement que je peux compter sur mes propres supports médiatiques et ma communauté pour lutter face à mes détracteurs. Mais personne ne peut imaginer comme c'est usant d'avoir à toujours monter au créneau, se justifier sans cesse pour clamer son innocence. D'ailleurs je remercie ceux qui haussent le ton sur les réseaux sociaux pour me défendre. Je tombe souvent sur des commentaires de certains de mes abonnés qui me défendent, comme si c'était leur propre histoire. Ça me touche tellement. Surtout n'arrêtez jamais : vous êtes ma plus belle défense.

J'en veux aussi à ces producteurs et animateurs de télévision qui étaient si contents de me trouver pour venir faire le mariole, qui ont consacré de si longues minutes d'antenne pour commenter un nouveau scandale mais n'en disent jamais rien quand celui-ci fait pschitt, quand je suis officiellement écarté de tout soupçon ou quand une décision de justice tombe en ma faveur.

D'après mes infos, certains le clament ouvertement : « Jeremstar, il est cramé, on le blackliste. » C'est dégueulasse. Lequel aura le courage de m'inviter pour entendre la vérité ? Ils savent où me trouver. J'attends.

Les mots sont peut-être forts, mais je les assume : tous ces gens sont complices d'un homicide des temps modernes ! Vous pensez que j'exagère ? Alors attendez la suite... Je défie quiconque de venir me dire qu'il supporterait les répercussions de la haine, au quotidien.

Par où commencer... Eh bien déjà, au sein de mon propre immeuble, au cœur de mon intimité, de ma vie privée. Un soir que je rentre chez moi, je découvre ma porte grande ouverte. Je comprends tout de suite que je me suis fait cambrioler. L'appartement est sens dessus dessous. Le lit retourné, les placards ouverts. Mais bizarrement, rien n'a disparu. En même temps, je ne possède rien de valeur chez moi. Pas d'argent, pas de bijoux, pas de montres. À part des godemichets et des canards en plastique, des bouquins, des cactus et des bougies, il n'y a rien à voler chez moi ! Mon nouvel iPhone, encore dans son emballage, et mon ordinateur sont là. Je ne m'en plains pas, mais cela m'intrigue. Et puis je m'aperçois qu'il manque une chose, très précieuse et bien précise : l'un de mes quatre cahiers du journal intime que je tiens depuis plusieurs années, dans lesquels je note tout, quotidiennement, notamment des confidences ultra secrètes et des infos sulfureuses sur l'envers du décor de la téléréalité, mais aussi du show-biz et de la politique. Du lourd. Des scoops que je n'ai jamais divulgués et qui auraient fait « tomber » un nombre impressionnant de personnalités de premier rang. Ce cambriolage est donc ciblé, et évidemment pas anodin. C'est forcément l'œuvre de quelqu'un qui me connaît et cherche à me nuire, espérant mettre la main sur des aveux quelconques de ma part. Des enquêteurs sont venus constater l'infraction. Ils n'ont trouvé aucune empreinte. Mais j'ai ma petite idée sur l'identité du cambrioleur. Je pense que c'est un chauffeur de VTC de qui j'étais devenu proche quelques mois auparavant et qui se montrait très serviable avec moi, m'emmenant à droite à gauche dès que possible. Bizarrement, le jour du cambriolage, il n'était pas disponible pour venir me chercher à la gare. Et bizarrement aussi, quelques jours plus tard, il publie une story Snapchat avec strass, paillettes et billets qui tombent du ciel, en mode « jackpot ». Pour moi, ça veut tout dire. J'ai signalé cet homme à la police, qui l'a auditionné. Mais il n'a pas été inquiété plus que ça. Il me l'a fait payer, en revanche, en m'envoyant des messages d'insultes et de menaces, heureusement sans lendemain. Mon fameux cahier, lui, est toujours dans la nature... Suite à ce cambriolage, j'ai déménagé dans une résidence ultra sécurisée avec un agent de sécurité à l'entrée de cette nouvelle voie privée où je vis à présent. Je pensais trouver la paix dans cet immeuble d'un quartier très tranquille. Le problème, c'est que mon voisinage, qui a très vite su qui je suis, m'a tout de suite pourri la vie à cause du va-et-vient des livreurs, mais surtout parce que, paraît-il, ils entendent tout ce que je dis au téléphone à cause de la mauvaise isolation de l'immeuble. Et bien évidemment, ça dégénère ! On me laisse des mots dans le hall, pour me dire que je ne respecte pas la tranquillité des voisins parce que je monte dans l'ascenseur à... 22 h ! Une voisine a même sonné à mon interphone à 2 h du matin pour me demander si je l'avais pris. « Euh, bah oui, madame ! Oui ! Où est le problème ? Je paie des charges pour cet ascenseur. » J'hallucine. Les gens passent leur vie derrière leur judas à m'espionner ! Et ils se trahissent eux-mêmes puisque certains m'avouent qu'ils suivent mes lives, qui font trop de bruit, soi-disant. Pas très logique pour des gens qui en ont marre de m'entendre. Et quand j'essaie de dialoguer avec eux, ils me font des remarques totalement à côté de la plaque : « Monsieur, vous trouvez ça malin de vous balader dans la rue déguisé en Catwoman ? » Quel rapport ? Ou alors : « On n'est pas à l'Olympia ici, arrêtez votre cinéma. » Et bien évidemment, ça ne manque pas : « Vous feriez mieux de régler vos affaires judiciaires et vos condamnations. » La tranquillité n'existe donc pas. Même entre deux ascenseurs, sur mon palier, il faut encore qu'on vienne me parler de ça ! Quand tu es une personnalité publique, les gens te cherchent des embrouilles, par jalousie, par envie, par besoin de faire du commérage. Mais quand tu es Jeremstar, c'est encore pire, on s'acharne sur toi, une nouvelle fois à cause de rumeurs qui se répandent depuis cinq ans.

Mais je ne vous ai pas encore raconté le plus grave, le plus irréel !

Un autre soir, en ouvrant ma boîte aux lettres, je vois des taches rouges sur mon courrier. J'écarte la paperasse et qu'est-ce que je découvre !? Trois seringues pleines de ce qui semble être du sang. Mon domicile était déjà une cible, je le savais. On sonne régulièrement à mon interphone, au beau milieu de la nuit, pour m'insulter. « Pédophile »,

« Sale pédé, on va te crever. » Je n'ai pas le temps de répondre que j'entends déjà ces « courageux » courir, fuir et claquer la porte. J'ai aussi très souvent trouvé des excréments dans ma boîte aux lettres, des lettres anonymes évidemment menaçantes (« Regarde, on sait où tu habites, tu vas payer pour avoir violé des gosses. ») Mais là, des seringues !!! C'est quoi la prochaine étape ? Une tombe miniature sur le palier ou une tête de cheval décapité accrochée à ma porte, comme dans les films sur la mafia ? J'appelle aussitôt le commissariat, qui prend la chose très au sérieux et fait dès le lendemain intervenir la police scientifique. Des hommes en blouse, masqués, gantés, viennent faire des prélèvements dans le hall de mon immeuble. On se serait cru dans un épisode des *Experts*. Je n'ai jamais eu le fin mot de l'histoire. Aucune empreinte digitale n'a été retrouvée. Une menace sans conséquence directe hormis celle, horrible, de me faire flipper. Je rentre désormais chez moi en me demandant ce qui va m'attendre, je scrute les alentours, les voitures et les passants, suspectant tout le monde de vouloir s'en prendre à moi. Je n'ai pas de mal à le dire : oui, j'en deviens parano. Mais qui ne le serait pas ? Et j'en arrive à me demander s'il ne faut pas que j'engage un garde du corps ou que je fasse installer des caméras de surveillance en bas de chez moi. Ce qui est sûr, c'est que désormais, malheureusement, je ne me déplace plus jamais seul. Moi qui aimais tant mon indépendance et être libre de mes mouvements, je dois maintenant être accompagné en permanence. C'est même devenu une clause obligatoire de mes contrats. Pour chaque voyage d'ordre professionnel, notamment sur ma tournée, je suis accompagné. Parce que ma vie est en danger. Et que les nuisibles sont partout : un jour que je m'étais assoupi dans le train, un abruti m'a pris en photo, l'a diffusée sur je ne sais plus quel réseau social en me bombardant d'insultes. Depuis, le producteur de mon spectacle mobilise toujours quelqu'un pour m'accompagner. Mais quelque part, ça m'emprisonne. N'est-ce pas le comble pour un innocent ?

L'enfer de mon quotidien, c'est aussi de ne plus pouvoir apprécier pleinement un dîner, une sortie en discothèque, ma fête d'anniversaire... J'ai toujours su intégrer et accepter les bons et mauvais côtés de la célébrité. Ce n'est pas toujours évident pour ma famille, mes amis. Leur amour et leur amitié font qu'ils s'adaptent à la vie que j'ai décidé de mener. Et comme je l'ai dit quelques pages plus tôt, cela génère des difficultés sur le plan amoureux. Mais on peut vivre avec, s'en sortir. La vie de star à la réputation injustement entachée est tout autre, quand on ne vient plus vous voir pour un selfie ou un autographe mais pour vous balancer à la tronche que vous êtes un violeur d'enfant. Les répercussions? C'est mon petit ami qui ne supporte plus de me voir insulté. C'est ma mère qui promène son chien dans les bois et se fait alpaguer par des connaissances ou des inconnus: « Ouhlala, on a vu ce qu'il se passe autour de votre fils là... C'est vrai? Il a fait quoi? Dites-nous! » Ou des personnes qu'elle fréquentait et qui maintenant ragotent sur elle et moi. « C'est son fils qui l'entretient et lui paie tout. » C'est mon père qui, à force d'entendre des horreurs, s'en veut d'en arriver à douter de moi et me demande droit dans les yeux s'il y a un bout de vérité dans tout ce qui se dit. Ce sont mes amis qui, bien malgré eux, jouent les pompiers de service, en ma présence ou non, pour éteindre les flammes des ragoteurs.

Et c'est moi qui ne parviens plus à me sortir toutes ces histoires de la tête, même le jour de ma fête d'anniversaire. Début 2022, j'ai réuni mes amis au restaurant. Une raclette, j'adore ça. Seulement voilà, comme par hasard, ce jour-là était aussi celui du « procès Babybel ». Toute la journée, et jusqu'au soir, j'ai donc reçu des tas de messages pour me le rappeler – comme si je pouvais l'oublier. Résultat : je ne me suis pas « libéré » de toute la soirée. J'étais au milieu de mes amis, mais les yeux rivés sur mon téléphone, scrutant avec angoisse le moindre commentaire... J'avais envie d'être partout sauf à mon propre anniversaire, feignant de sourire mais pleurant intérieurement. Moment gâché, une nouvelle fois, bien malgré moi.

C'est pesant pour moi, mais aussi pour mes amis, qui ne sont pas dupes. La seule chose positive dans tout cela, c'est que j'ai pu faire du tri entre les vrais et ceux qui ne me côtoyaient que par intérêt. J'ai été déçu par plein de gens dans le milieu du show-biz, notamment de nombreux candidats de téléréalité, des gens que j'ai eus en larmes au téléphone parce qu'ils étaient dans un tourbillon médiatique, des gens que j'ai soutenus des nuits entières, leur remontant le moral, en jouant les psy (lire chapitre 7).

J'ai aussi perdu l'amitié de gens à qui tout cela fait peur. À leurs yeux, je suis comme le malade à qui l'on a peur de rendre visite à l'hôpital. Ils lisent et entendent tout ce qui se dit dans les médias et se disent qu'ils n'ont pas envie de ça dans leur vie. Ils coupent les ponts, dans le doute, et par crainte de s'afficher à côté de moi... Te bloquent de partout du jour au lendemain, ne te donnent plus aucune nouvelle. C'est très dur émotionnellement, et aujourd'hui j'ai perdu beaucoup de repères et de confiance.

Et puis il y a les anonymes, sur les réseaux sociaux. C'est foudroyant. Et révoltant. Il y a ceux qui écrivent aux marques avec lesquelles je bosse, pour les alerter que je suis un prédateur sexuel, leur demandant si elles n'ont pas honte d'engager un pédophile. Du fait de la lenteur de la justice et du silence des médias, les gens continuent d'y croire : je dois donc me justifier tous les jours auprès de mes partenaires commerciaux, expliquer, envoyer les documents qui prouvent mon innocence. C'est long et fastidieux, décourageant par moments.

Sur les réseaux sociaux, ma vie quotidienne est gâchée par des gens qui ne savent pas ce qu'il en est, qui sont restés bloqués aux premières accusations et ne savent pas que j'ai été blanchi. À croire que ça les arrange d'y croire. Dans cette société qui aime le sensationnel, j'ai l'impression que c'est une drogue pour certains, qu'ils s'aveuglent volontairement parce que la médisance leur fait du bien. À partir du moment où c'est écrit dans un journal, ça a une vraie valeur. C'est écrit, c'est répété, donc c'est vrai.

Récemment, un article dans *La Voix du Nord* a annoncé mon spectacle dans la région. Les commentaires sur Facebook ont aussitôt fusé: « Ah tiens les violeurs restent en liberté », « La justice est mal faite », « Virez-nous ces délinquants sexuels. » Quand je regarde le profil de ces gens, je constate que ce ne sont pas que des gamins un peu paumés ou des complotistes énervés. Il y a aussi des pères et des mères de famille, des gens dont tu peux penser qu'ils vont se renseigner avant de balancer de telles horreurs. Mais non. Et cela va me poursuivre toute ma vie. Je fais tout ce que je peux pour garder la tête hors de l'eau, mais je suis comme un nageur à qui on appuie régulièrement sur la tête pour lui faire boire la tasse. Je la ressors en toussant, mais je continue d'avancer.

J'ai très souvent le moral en berne, et même parfois des idées noires. Le suicide? Oui, ça m'a déjà traversé l'esprit. Mais j'ai une peur viscérale de la mort. Et je ne me vois pas du tout passer à l'acte, ça me terrorise. Et puis, il ne manquerait plus que ça! Après tout ce que j'ai subi, il faudrait en plus que je me donne la mort? Certains en rêvent peut-être, de me voir pendu. Mais je ne leur ferai pas ce « plaisir ». Ce serait leur ultime victoire, ce serait leur faire trop d'honneur, ce serait leur donner raison. Et ça, c'est hors de question !

Je m'accroche pour mon combat, pour la lutte contre le cyberharcèlement et aussi pour mon amour de la vie, quand même ! Sur mes réseaux sociaux, je fais le clown parce que Dieu merci, il faut que la vie continue, il faut se forcer à avancer, et puis je ne peux pas passer toute ma vie à pleurnicher. Je suis fondamentalement quelqu'un de positif, même si c'est dur, même si les blessures sont toujours là. Une partie de moi a été tuée de l'intérieur, mais je ne suis pas complètement mort. Je suis un survivant, un rescapé des raids numériques, de tous ces accusateurs qui veulent m'asphyxier et me « canceliser ». J'en garderai un profond traumatisme, pour toujours. Mais je mesure ma chance de rester un minimum positif, malgré les circonstances. Et je m'accroche à la vie, parce qu'elle reste belle.

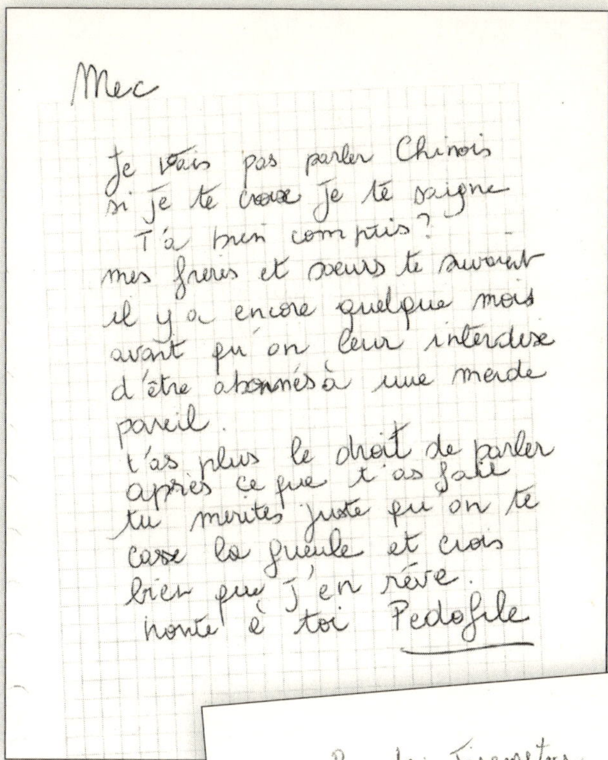

Mec

Je vais pas parler Chinois
si je te croise je te saigne
T'a bien compris?
mes freres et soeurs te suivent
il y a encore quelque mois
avant qu'on leur interdise
d'être abonnés à une merde
pareil
t'as plus le droit de parler
après ce que t'as fait
tu mérites juste qu'on te
casse la gueule et crois
bien que j'en rêve.
honte à toi Pedofile

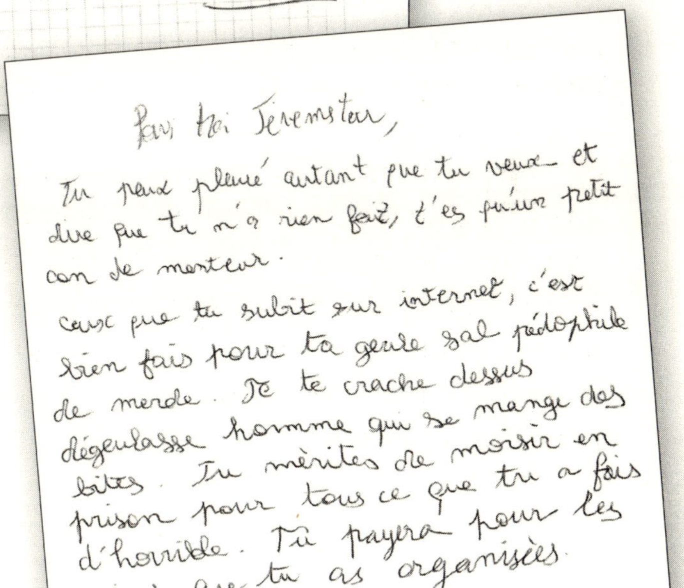

Pour toi Jeremstar,

Tu peux pleuré autant que tu veux et
dire que tu n'a rien fait, t'es qu'un petit
con de menteur.
ceux que tu subit sur internet, c'est
bien fais pour ta geule sal pédophile
de merde. Je te crache dessus
dégeulasse homme qui se mange des
bites. Tu mérites de moisir en
prison pour tous ce que tu a fais
d'horrible. Tu payera pour les
crimes que tu as organisées.

quitte la france, on veut pas
de toi, saloperie !!

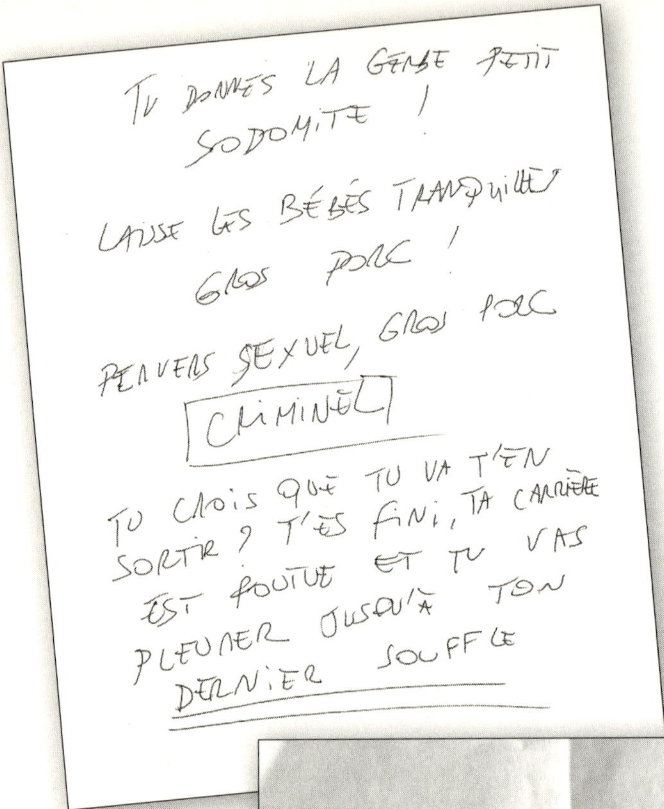

TU DONNES LA GERBE PETIT
SODOMITE !

LAISSE LES BÉBÉS TRANQUILLES
GROS PORC !

PERVERS SEXUEL, GROS PORC
CRIMINEL

TU CROIS QUE TU VA T'EN
SORTIR ? T'ES FINI, TA CARRIÈRE
EST FOUTUE ET TU VAS
PLEURER JUSQU'À TON
DERNIER SOUFFLE

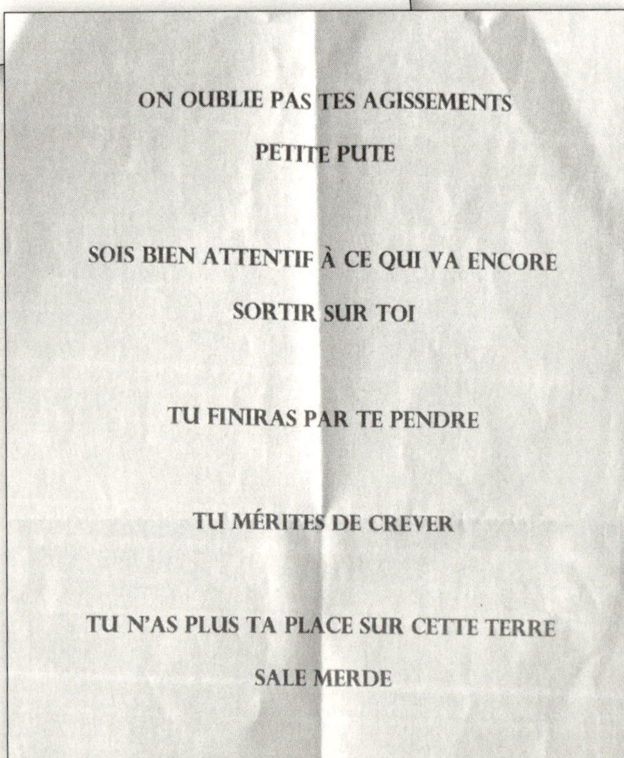

ON OUBLIE PAS TES AGISSEMENTS

PETITE PUTE

SOIS BIEN ATTENTIF À CE QUI VA ENCORE

SORTIR SUR TOI

TU FINIRAS PAR TE PENDRE

TU MÉRITES DE CREVER

TU N'AS PLUS TA PLACE SUR CETTE TERRE

SALE MERDE

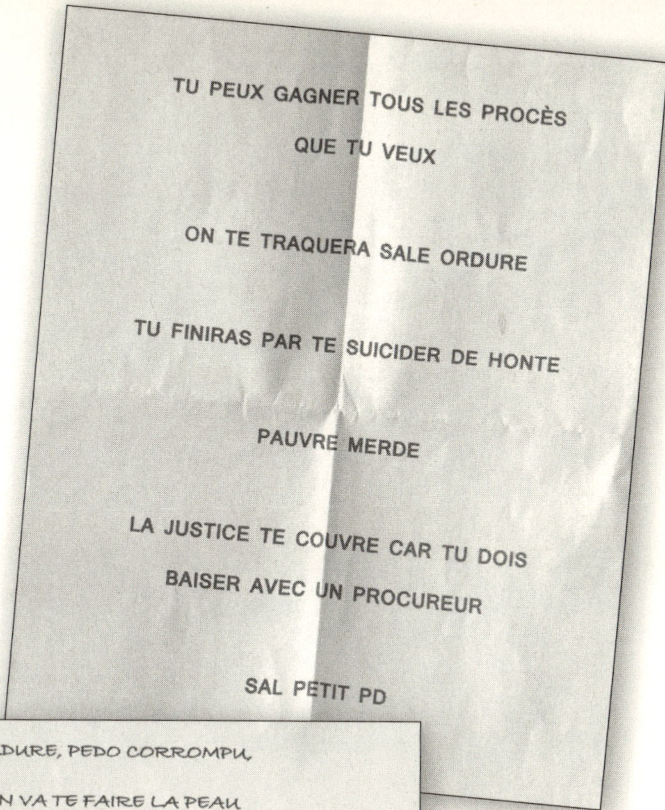

TU PEUX GAGNER TOUS LES PROCÈS

QUE TU VEUX

ON TE TRAQUERA SALE ORDURE

TU FINIRAS PAR TE SUICIDER DE HONTE

PAUVRE MERDE

LA JUSTICE TE COUVRE CAR TU DOIS

BAISER AVEC UN PROCUREUR

SAL PETIT PD

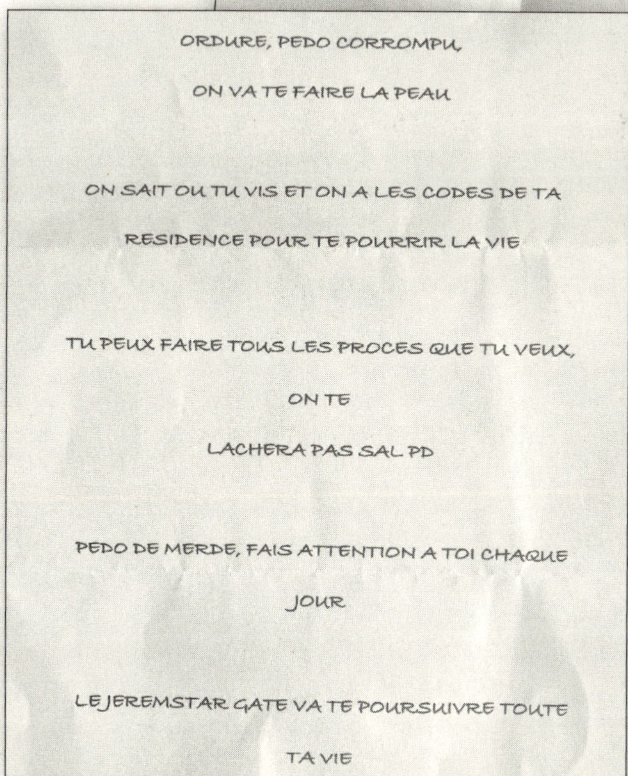

ORDURE, PEDO CORROMPU,

ON VA TE FAIRE LA PEAU

ON SAIT OU TU VIS ET ON A LES CODES DE TA

RESIDENCE POUR TE POURRIR LA VIE

TU PEUX FAIRE TOUS LES PROCES QUE TU VEUX,

ON TE

LACHERA PAS SAL PD

PEDO DE MERDE, FAIS ATTENTION A TOI CHAQUE

JOUR

LE JEREMSTAR GATE VA TE POURSUIVRE TOUTE

TA VIE

Chapitre 6

LE SUICIDE DE MAVACHOU

Décembre 2021

J'ai la haine. La haine ! Et un chagrin qui ne me quitte pas. Depuis bientôt un an, je pense à la disparition de Mavachou. Cette Youtubeuse populaire, avec qui je commençais à devenir ami, s'est donnée la mort le 22 décembre 2021. Parce que le cyberharcèlement qu'elle subissait chaque jour, chaque heure, depuis de longs mois, lui était devenu insupportable. Invivable. Mon émotion est intense au moment d'évoquer sa mémoire, son destin tragique, son histoire terrible, si proche de la mienne. Et j'enrage au plus profond de moi en sachant que ses harceleurs qui l'ont poussée à bout, au pire, vivent en liberté, en toute impunité. Je ne sais pas comment le dire autrement : j'ai la haine. Mon sang bouillonne chaque fois que j'y repense. Ça me ronge les tripes, tous les jours.

Depuis ce que j'ai vécu, je suis extrêmement sensible à toutes les histoires de cyberharcèlement qui frappent et ruinent le quotidien de beaucoup trop de gens, et notamment d'influenceurs et de célébrités des réseaux sociaux. Je bondis à chaque fois que j'entends ou lis : « Ah ben ils s'exposent, c'est normal », « C'est le jeu quand on fait de sa vie son fonds de commerce », « En même temps, ils n'ont qu'à pas être sur les réseaux sociaux. » J'ai réellement envie de tout péter quand j'entends ça. Il n'y a aucune excuse ni justification au harcèlement. Absolument aucune. Alors quoi ? Sous prétexte qu'on est connu ou qu'on s'expose, on doit tout subir ? C'est hors de question. Contrairement à ce que beaucoup de gens croient, je ne pense pas qu'à ma gueule. Pour m'en sortir, pour survivre en attendant les décisions de justice, et aussi pour que la parole se libère, j'ai lancé une plateforme contre le cyberharcèlement. J'essaie de transformer le négatif en positif. Je veux échanger avec d'autres victimes, parler, et pourquoi pas, si je le peux, les aider.

Il y a environ deux ans, dans le cadre de ma nouvelle émission sur YouTube, « Baby Story », qui donne la parole aux parents influenceurs, j'entends parler de Mavachou, une Youtubeuse « famille » qui s'est fait connaître via ses vlogs avec son mari de l'époque et leurs enfants. Je m'informe sur elle. Et je me rends compte que sur Twitter, Maeva – son vrai prénom – est très souvent en « top tweets » et génère un nombre incroyable de commentaires horribles, d'insultes, d'attaques. Je me renseigne aussi sur elle auprès de quelques marques avec lesquelles je collabore. Elles me révèlent qu'elles la connaissent, mais qu'elles ont dû rompre leur contrat car elle se trouve souvent, elle aussi, au cœur de nombreuses polémiques et de bad buzz ; qu'à chaque fois que ces marques ont collaboré avec elle, elles se sont retrouvées à se faire lyncher par ses *haters* et à être envahies d'emails insultants. On lui reproche d'être une mauvaise mère, que son nouveau compagnon est coupable d'attouchements sur ses enfants. Je décide d'entrer en contact avec elle, pour éventuellement l'interviewer, même si je dois bien admettre que par « réflexe », je suis d'abord méfiant. Ça parle de pédophilie, je me dis « Ouhlala attention, ne joue pas avec le feu et ne va pas te mêler à des histoires pareilles. » J'ai un peu peur donc, mais je sens que quelque chose ne tourne pas rond. Donc je lui écris, lui demande ce qu'il se passe. Et tout de suite, un super feeling passe entre nous. Je sens également très vite qu'elle ne va pas bien. Sa voix est faible. Je la sens fragile. À peine avons-nous fait connaissance qu'elle me dit être victime d'une campagne de cyberharcèlement sur les réseaux sociaux. Et c'est elle, je le précise, qui me confie que son ex-mari serait derrière cette cabale, ces raids numériques. Il balancerait depuis plusieurs mois ces rumeurs et ces accusations de pédophilie, en story, sur tous les réseaux sociaux, sur elle et son nouveau compagnon. « On me lynche, on m'humilie toutes les secondes, me dit-elle dans un appel au secours. J'ai déposé des plaintes mais la justice ne fait absolument rien. Personne ne me donne la parole, les marques me fuient, je vis un enfer, c'est terrible. » En résumé, elle me décrit... ma propre histoire ! J'en ai froid dans le dos.

Je garde d'abord un peu de distance, ne connaissant pas encore le fin mot de l'histoire, mais je l'écoute, beaucoup. Au fond de moi, je la crois. Mais je suis dans une position délicate : à ce moment-là, il est encore compliqué de la croire sur parole. C'est un sujet grave, il faut prendre des précautions. Je m'en veux de le penser, parce que j'ai vécu la même chose qu'elle, mais je dois aussi me montrer prudent, notamment pour ne pas être une nouvelle fois mêlé à un scandale qui n'est pas le mien. On évoque ensemble l'idée de faire une interview mais je lui demande de patienter un peu. Elle est déçue, je le sens, parce que selon elle, je suis son dernier espoir. Mais je ne la connais pas encore assez, et mon expérience personnelle fait que je dois aussi me protéger. Je prends régulièrement des nouvelles de l'avancée des poursuites judiciaires. On se parle énormément. Un lien spécial, intime, se crée petit à petit entre nous.

Il se renforce le jour où je publie le délibéré du premier procès contre le « journaliste » qui a sorti ce terrible livre sur moi et m'a harcelé pendant des semaines sur les réseaux sociaux. Elle m'écrit : « Félicitations, je suis très admirative de ton combat, j'espère qu'un jour justice me sera rendue et que je pourrai moi aussi obtenir une peine de prison contre ceux qui me détruisent. Mais à côté de ça, quand je vois que ton autre harceleur, Aqababe, n'a eu que de simples rappels à loi pour les faits de cyberharcèlement, ça me démoralise, je n'ai plus foi en la justice. Je ne sais pas si je serai capable de mener ce combat. Je ne sais pas si j'aurai la force que tu as. »

C'est là que je me rends compte que les décisions de justice scandaleuses n'allant pas dans le sens des victimes n'impactent pas que moi. Elles font aussi baisser les bras aux autres qui constatent que justice n'est jamais vraiment faite. Que personne ne fait rien, que tout le monde s'en fout !

Début décembre 2021, alors que je suis désormais très proche d'elle, que nous sommes devenus une béquille réconfortante et solidaire l'un pour l'autre face à nos tourments et nos douleurs communes, je me décide à réaliser cette interview pour qu'elle puisse dire sa vérité. L'émission « Sept à huit » de TF1 « dégaine » avant moi. Cette interview lui redonne un peu d'espoir, me dit-elle quelques jours plus tard. Mais le problème, c'est que sa diffusion a aussi pour effet, selon elle, de faire littéralement péter les plombs à son ex-mari. « Je suis menacé physiquement et il s'acharne très violemment sur moi sur les réseaux. C'est de pire en pire. Je ne sais pas comment m'en sortir… » Je la réconforte, comme je peux. Je lui donne des conseils juridiques, mais je ne fais pas de faux-semblant non plus : l'ayant vécu, je ne peux pas lui dire « ça va aller ». Je sais, et elle aussi, que la justice est laxiste, que personne ne réalise les dégâts que cela engendre, qu'on a beau faire condamner des bourreaux à des peines de prison, elles ne sont pas exécutées, en réalité. « Donc à quoi bon... » Je sens qu'elle sombre. Les notes audios qu'elle m'envoie durant ce mois de décembre sont de plus en plus alarmantes : « Un jour, il va y avoir un drame. Ça ne sera pas faute d'avoir prévenu... » Ça m'interpelle, ça m'horrifie évidemment. Mais je suis très très loin d'imaginer la suite. Je suis incapable d'imaginer que ses mots seront suivis d'effet.

Une semaine avant Noël, Mavachou m'envoie quatre nouvelles notes audios. Je suis en tournage. Je me dis que je les écouterai tranquillement après. J'ai mille choses sur le feu que je dois terminer avant de rejoindre ma famille, à Lyon, pour « couper », me ressourcer et profiter des fêtes de fin d'année. Je les oublie. Je ne le sais donc pas, mais un drame que je n'osais imaginer est en train de se nouer...

Le 22 décembre, je suis donc en famille, détendu, loin de ma réalité parisienne, quand je reçois un message effroyable : « Mavachou s'est suicidée. » Je frémis. Je n'y crois pas. Je pense à un canular de très mauvais goût. Dans le doute et en panique totale, je trouve le moyen d'entrer en contact avec son compagnon, Romain, et sa meilleure amie. Ils me confirment cette terrible nouvelle. Mavachou est morte. Elle s'est suicidée. Le choc. Je n'y crois pas, je ne réalise pas. Machinalement, je vais voir son compte Instagram. Je tombe sur une photo d'elle postée au ski quelques jours avant. Elle a l'air heureuse. Bêtement, je lui envoie un message privé : « T'es là ? » J'espère qu'elle le lise. Que la mention « vu » apparaisse. Je garde mon téléphone dans les mains en tremblant. Je m'accroche à je ne sais trop quoi. J'attends qu'un miracle se produise. Mais je comprends rapidement que non, c'est bien réel. Elle est morte. Je pleure, je suis sonné, dévasté. C'est un mélange de douleur, de chagrin, de colère et d'incompréhension. Puis je retombe soudainement sur ces notes audio envoyées quelques jours plus tôt. Le téléphone toujours dans les mains, je suis fébrile, désorienté, incapable de réfléchir, pris dans le flot de l'émotion. Mais je les écoute. Elle est à bout. Elle ne parle pas explicitement de suicide, mais rétrospectivement, ses mots résonnent cent fois plus. Et sur le coup je m'en veux terriblement parce qu'elle m'y explique qu'elle vit mal le fait que je ne veuille pas faire cette interview avec elle tout de suite, du moins avant Noël. C'est horriblement rageant parce que cette interview, ce n'était plus qu'une question de jours ! Je l'avais prévue pour après les fêtes !

Rapidement, sa famille, son compagnon, avec qui j'échange constamment dans les heures et les jours qui suivent avec beaucoup de bienveillance (et même d'amour, n'ayons pas peur des mots parce que c'est le cas), me demandent à demi-mots d'être leur « porte-parole » auprès des médias et des journalistes, que ce drame intéresse soudainement beaucoup, eux qui s'en foutaient (hormis TF1) quand elle était au fond du seau. Raconter leur douleur et décrire les circonstances est au-dessus de leurs forces. Ils n'arrivent pas à écrire ou prononcer le mot « suicide », tellement choqués et dans une sorte de déni. Ils n'arrivent pas à dire l'horreur, qu'elle s'est donné la mort quelques heures après avoir emballé les cadeaux de Noël de ses enfants. Que son compagnon a tenté de la réanimer. Je suis le seul à avoir la force de parler au monde extérieur. Et je le fais parce que les proches de Mavachou me le demandent, et m'en remercient. J'ai l'impression de faire partie de la famille. Dans les jours qui suivent, je fais des duplex sur Skype entre la dinde et la bûche glacée, le JT de France 2 notamment. Je refuse aussi beaucoup d'interviews, car je ne veux pas qu'on m'accuse de vouloir faire du buzz autour de cette tragédie. La famille de Mavachou et moi savons que je le fais pour que l'enquête avance plus vite. Mais les langues de vipère trouvent toujours à critiquer, peu importent les circonstances... Je réponds donc aux médias « sérieux » et de grande écoute.

Début janvier, je me rends dans les Vosges pour interviewer son compagnon, Romain, ainsi que son avocat. Il fait un froid glacial, il neige. Dans ce quartier désert, le temps et la vie semblent s'être arrêtés. Seuls les hurlements d'un husky percent le silence. Je rencontre un homme en larmes, abattu, paumé, errant seul dans cette maison vide d'elle. Un homme touchant qui, dans son malheur, a pris le soin de m'acheter une spécialité locale, du pâté lorrain, à grignoter. Durant plusieurs heures, il me raconte le harcèlement quotidien, les insultes, la pression d'enfer qu'il a lui aussi subis. Dans ce reportage, je décide de faire entendre la voix de Mavachou via les notes audios qu'elle m'envoyait. Elle qui tenait tant à faire une interview avec moi, il est nécessaire pour moi de lui donner la parole. Même si en réalité il est trop tard, je veux qu'on l'entende. Et je vais d'ailleurs tout faire pour porter sa voix, je me le suis promis. À la fin de cette vidéo qui fera plus d'un million de vues et dont j'ai reversé les revenus publicitaires à Romain pour l'aider à financer son combat judiciaire qu'il poursuit encore aujourd'hui, j'annonce mettre ces enregistrements à disposition de la police et de la justice.

Et dès le lendemain, un policier des Vosges me contacte et me demande si j'accepte d'être entendu. Cette démarche policière n'est pas un détail. Car d'habitude, dans les affaires de cyberharcèlement, les enquêteurs se contentent des publications diffusées sur Internet. On ne convoque jamais de témoin, ce qui paraît dingue. Là je vais être interrogé comme si j'avais assisté à une agression, que dis-je un MEURTRE, en pleine rue, dans la « vraie vie ». Là, c'est pris au sérieux, enfin ! L'enquête avance vite. Mais que faut-il pour en arriver là ? Que faut-il ? Un décès. Ça me rend malade.

Les policiers viennent à Paris et réquisitionnent un lieu tenu secret pour que je ne sois pas vu, et entendu dans la plus grande discrétion possible. Quelques heures plus tard, les médias sont déjà au courant et des articles sortent partout. Titres racoleurs et accroches sensationnelles : « Décès de Mavachou : Jeremstar entendu par la police. » On pourrait presque croire que je suis soupçonné de l'avoir tuée. Mais qu'importe, les médias relaient cette tragédie. Même si encore une fois, c'est trop tard. Les policiers m'interrogent pendant près de trois heures. Je leur remets une clé USB contenant les bandes audios dans lesquelles elle raconte tout, de A à Z. Cette audition post-mortem de Mavachou est une « mine d'or » pour les enquêteurs qui ne disposent pas de tous ces éléments cruciaux. Mais une nouvelle fois, je fais face à des gens totalement « largués », qui ne comprennent rien au monde des réseaux sociaux. Je leur explique donc comment fonctionnent Twitter et Instagram, les conséquences désastreuses de la viralité d'une rumeur ou d'une polémique, les coulisses du cyberharcèlement. Je leur fournis les noms des comptes d'où proviennent les raids numériques. C'est fou ! Je deviens quasiment consultant en réseaux sociaux de la police et de la justice française, elle qui traîne des pieds depuis des années pour traiter mes affaires ! Mais qu'importe mon cas personnel cette fois. Je suis là pour aider à faire avancer les choses. J'apporte concrètement ma pierre à l'édifice. Et j'honore ainsi la mémoire de Mavachou.

Même si je sais que je l'ai beaucoup aidée, je m'en veux de ne pas lui avoir donné la parole plus tôt. Cela n'aurait peut-être pas changé le cours des choses, mais qui sait... Je m'en veux aussi de ne pas avoir foutu plus de bordel médiatique autour de mes propres histoires. J'en ai fait, mais il aurait peut-être fallu faire encore et toujours plus pour alerter les autorités et éviter que des gens se tuent. J'en veux terriblement à la justice et à ce système médiatique qui font la sourde oreille. Depuis qu'elle est morte, tout le monde traite de cette affaire. Tout le monde veut sa part du drame. C'est dégueulasse.

J'en veux aussi à la non-action des pouvoirs politiques. Ils ne se rendent pas compte des drames qu'occasionne chaque jour le cyberharcèlement. Ce n'est pas faute de les alerter. Dans chacun de mes posts, je taggue le nom de certains politiques, comme une bouteille à la mer. Quand c'est pour venir draguer mon ex sur les réseaux sociaux ou réagir à des stories quand je suis avec des mecs sexy, là on les trouve les hommes politiques – je ne dirai pas qui, mais un membre du gouvernement actuel l'a fait, c'est véridique. Et quand je les contacte directement pour les alerter, on me laisse en « vu ». Je m'adresse à vous, là : combien de morts faudra-t-il avant que vous n'agissiez ?

Ma vie, aujourd'hui, c'est aussi d'absorber le malheur des victimes de cyberharcèlement, de les conseiller pour faire aboutir leurs plaintes, alors que j'ai déjà moi-même tant de mal à faire avancer les miennes. Je m'accroche aussi en aidant les autres. Célèbres ou non. Je soutiens toujours Romain, qui lutte chaque jour pour ne pas succomber à ses idées noires. Je soutiens des parents dont les enfants se sont suicidés. Je pense à Marie et sa maman Stéphanie Mistre, que j'ai interviewée. Elle a retrouvé sa fille pendue dans sa chambre. Je pense à Polina et ses parents Laurent et Sophie, qui eux ont retrouvé leur fille morte dans le parc de son lycée. Je ne compte plus le nombre de parents que j'ai écoutés et à qui j'ai donné la parole. Combien ont supplié en larmes le gouvernement d'agir et de les recevoir. Silence radio. J'apprends d'eux. Ils me donnent de la force. Qu'ils sachent qu'ils ont tout mon soutien, toutes mes pensées, même si elles ne soulageront jamais leur douleur. Ce livre ne sera d'ailleurs pas sans lendemain : je continuerai le combat pour Mavachou et toutes les autres victimes, à qui je dédie ces lignes et à qui je souhaite rendre hommage. Bientôt, je mènerai des actions, des manifestations, quitte à choquer l'opinion publique en allant avec du sang sur le visage et une corde autour du cou devant un Palais de Justice, l'Assemblée nationale ou même l'Élysée pour faire entendre notre voix, notre douleur. Souvenez-vous de ça. Et au moment où vous lirez ces lignes, cherchez les photos et les articles sur Google. Partagez ces actions sur les réseaux sociaux, s'il vous plaît. Aidez-moi, aidez-nous à faire du bruit. Il ne doit plus jamais y avoir de Mavachou, de Marie, de Polina... Plus jamais !

Vous savez, Mavachou ne faisait pas partie de ma famille, cela peut vous paraître étrange, mais je pense tous les jours à elle. Le jour où j'ai interviewé Romain, avant de partir son frère m'a offert une bougie qui a servi à Mavachou dans sa toute dernière vidéo. Je l'allume tous les soirs dans ma chambre, dans le noir. Je lui parle. Je ne crois pourtant pas du tout en l'au-delà, etc. Je lui promets que je vais continuer le combat pour elle. Il faut que sa mémoire perdure. Le vrai tombeau des morts, c'est le cœur des vivants.

Flashe ce QR code pour visionner l'interview de Romain, le compagnon de Mavachou, peu de temps après son tragique suicide.

Chapitre 7

INFLUENCE ET JOURNAL INTIME DE LA TÉLÉRÉALITÉ

On me demande souvent pourquoi je ne vis pas à Dubaï, qui est devenue la capitale mondiale des influenceurs et des candidats de téléréalité et que l'on nous présente comme un paradis, un eldorado. La réponse est simple : je déteste cet endroit. J'y suis allé plusieurs fois pour des tournages. Tout est *fake*, artificiel, sans nature, sans forêt. Hors de question d'habiter là-bas. Et puis vivre comme un Sims dans la même villa que les autres, avec comme voisins tout le casting des émissions de téléréalité, non merci ! Et pardon, mais comment imaginer vivre dans un pays où les homosexuels sont punis pénalement ? Et où il faut mettre son téléphone hors ligne sur les applications de rencontre gay. *No way !* (Oui, j'ai eu un message l'autre fois de Tinder, m'indiquant que j'étais dans un pays qui pénalisait l'homosexualité et que pour ma sécurité, il était recommandé que j'apparaisse hors ligne).

Alors oui, je sais, fiscalement, ce serait beaucoup plus intéressant pour moi. Mais j'ai encore quelques valeurs… Je suis fier d'être français, j'aime ce pays. C'est en France que j'ai « fait mon beurre », que mon public se trouve. Et je suis bien content de profiter de sa Sécurité sociale et des avantages que le pays offre au niveau de l'éducation, de la culture, etc. Donc je trouve normal d'y payer mes impôts. Je râle beaucoup d'en payer autant, comme tout le monde. Mais ça fait partie du jeu, je contribue à l'économie de mon pays. Donc, hors de question de le fuir pour ne plus en payer.

On m'interroge aussi souvent sur ce que je gagne. Je suis généralement réticent à parler d'argent parce qu'à chaque fois que je le fais, je vois automatiquement rappliquer tous ces gratteurs qui estiment avoir le droit à leur part du gâteau. Mais comme j'entends souvent des rumeurs folles sur mon compte (en banque), je tiens à rétablir la vérité, en espérant que cela fasse justement fuir les rapaces qui pensent pouvoir me soutirer de l'argent pour je ne sais quelle raison.

Suis-je millionnaire ? Oui. Et non. Personnellement, je ne le suis pas. C'est ma société qui l'est, nuance. À titre personnel, je ne possède rien de très grande valeur. Ma seule richesse, c'est de l'immobilier. On m'a toujours dit que la pierre était une valeur sûre, et on ne sait jamais de quoi demain sera fait. Dans ce milieu, j'ai vu beaucoup de gens toucher le million et finir sur la paille. Je suis donc prudent. Et je ne suis de toute façon pas du style à flamber !

Si je parle ici d'argent, c'est aussi pour expliquer à ceux qui en doutent que ces sommes importantes ne tombent pas du ciel ! C'est le fruit d'une chose toute bête : le travail ! Beaucoup trop de gens disent que c'est facile de faire le clown sur les réseaux sociaux, et que les marques collaborent avec moi uniquement pour profiter de mon audience et de mon nom. Je suis suivi par plus de 2 millions de personnes donc forcément, oui, ça les intéresse ! Mais ce qu'elles apprécient surtout, c'est la qualité de mes contenus. Je travaille comme toutes les boîtes de communication digitale sérieuses, avec pour chaque opération un storytelling et un ton adapté, une qualité d'image, de mise en scène et de montage. Le résultat paraît simple, mais j'y passe des heures.

Ce que mes partenaires commerciaux apprécient aussi, c'est mon indépendance, ma liberté. Je ne suis en contrat avec aucune agence d'influence, comme cela se fait beaucoup maintenant. Tout passe par moi, ce qui crée un lien direct. Et ce qu'ils aiment par-dessus tout, c'est que je suis sélectif, que je vante les mérites de produits que j'utilise vraiment, qui ont du sens. Je ne fais pas tout et n'importe quoi, comme beaucoup d'autres influenceurs qui sont en train de tuer la poule aux œufs d'or, notamment les candidats de téléréalité. Quand j'en vois certains qui font cinq à dix placements de produits par jour, c'est dramatique. Surtout quand on voit les merdes dont ils font la promotion. Les marques en ont d'ailleurs ras-le-bol d'être noyées au milieu de cinquante autres à cause de ces gens. Elles se rendent d'ailleurs de plus en plus compte que ce sont des charlatans. On me demande souvent combien je prends pour une story. Je suis, je crois, celui qui prend le plus cher dans le milieu. Mais c'est le prix de la qualité. Parce que vous voulez savoir quelque chose ? La réalité, c'est que quand une influenceuse ultra en vogue avec trois fois plus d'abonnés que moi génère 60 ventes, moi j'en fais 6 000 ! C'est véridique. J'ai encore vu des bilans où j'avais rapporté plusieurs millions d'euros à des marques ces dernières années.

Les influenceurs d'aujourd'hui ne pensent qu'à l'argent. Ils sont prêts à tout, même à faire de la pub pour une crème permettant d'avoir un vagin d'enfant, comme cette célèbre candidate des « Marseillais » dont je préfère taire le nom. Ce genre de trucs, ça leur fait perdre toute crédibilité.

J'ai toujours refusé de céder à la tentation de faire facilement du fric avec ce genre de produits honteux. Et pourtant, on m'en a proposé... J'ai eu droit aux gélules anticellulite et aux solutions miracle pour blanchir les dents, des grands classiques. Hors de question pour moi d'utiliser et de vendre ces merdes. Mais on m'a aussi contacté pour des choses dingues ! À mourir de rire. Exemple : le déodorant à pénis. Ah, tiens. Je ne savais pas que la « flûte » était un muscle qui sécrétait de l'endorphine et qu'il fallait lui appliquer un spray après l'effort ! Il y a aussi eu l'aspirateur... de visage ! Pour aspirer les points noirs. Hein ? Mais c'est quoi ? Ça marche comment ? Ça remplace les filtres des réseaux sociaux quand tu ne peux plus voir ta tronche en peinture ? Une marque a aussi voulu faire une ligne de vêtements à l'effigie de mon arrière-grand-mère, avec sa tête qui apparaissait au creux de la poche poitrine d'un pull. Comment dire ? Elle était mourante à l'hôpital à l'époque, je ne me voyais pas trop organiser un shooting photo au milieu des staphylocoques. J'ai aussi eu droit au réducteur de glandes des aisselles. On me demandait de me filmer les aisselles dégoulinantes et de mettre en scène mon entourage en train de renifler mes dessous de bras. Et alors le pompon, c'est quand on m'a proposé d'être l'égérie, carrément, d'une crème pour… blanchir l'anus ! Euh… C'est quoi le but ? Faire des crottes blanches et pures ? Sur ce coup-là, on me proposait 30 000 euros ! Vous savez, une fois j'ai calculé : j'aurais pu toucher près de 200 000 euros si j'avais accepté tous ces contrats. Vous me direz, ça aurait payé mes frais d'avocat …

Parlons à présent du milieu de la téléréalité. Puisqu'on m'en parle sans cesse et que même cinq ans après m'en être éloigné, j'y suis toujours associé. Je peux vous dire que lorsque j'étais encore dedans, il y avait déjà tellement de coups bas, de ragots, de conflits. Mais ce n'était pas aussi vicieux, mafieux et crapuleux qu'aujourd'hui. Les réseaux sociaux ont amplifié et perverti tout ça. Aujourd'hui, les gens montent des dossiers et détiennent des « bombes » les uns sur les autres, et se versent des sommes colossales pour acheter leur silence.

J'ai moi-même longtemps gardé le silence sur les coulisses et l'envers du décor de la téléréalité. J'avais signé des clauses de confidentialité. Mais je tenais un journal intime dans lequel je notais tout ce que je voyais et entendais, notamment en soirée. Alors même si on m'en a volé un lors d'un cambriolage, il m'en reste encore trois autres. Je peux désormais lever le voile sur tout ça ! Voici donc en exclusivité des extraits de ce journal que j'ai tenu pendant quatre ans, de manière quasi quotidienne, de 2014 à 2017.

Mais avant, je veux préciser que si j'ouvre aujourd'hui une partie de ce journal intime, c'est pour que vous compreniez que ce milieu dans lequel j'ai évolué pendant de nombreuses années aurait bien pu me broyer, et que je suis aussi un survivant de ce milieu malsain et dangereux. Je n'ai pas succombé à la facilité ni aux travers de ce monde de fous...

Si je publiais l'intégralité de ce journal intime, il ferait scandale tant il contient d'éléments hallucinants. Ce serait un vrai raz-de-marée. Mais je ne suis plus dans tout ça. Le ragot, ce n'est définitivement plus pour moi. Si je dévoile aujourd'hui certains passages, c'est pour que vous compreniez mieux mon histoire et comment ma vie a basculé en enfer.

S'il vous plaît, ne cherchez pas à savoir à tout prix de quelles personnes il s'agit. Ayez un comportement responsable sur les réseaux sociaux. Le but n'est pas de faire une chasse aux sorcières mais de vous livrer des extraits de ce que fut mon quotidien pendant de nombreuses années. Je suis heureux aujourd'hui d'être libéré de tout ça et d'évoluer dans un environnement plus sain.

***

Mercredi 11 janvier 2017

Bon hier soir, vu qu'elle avait pas mal bu, la Tulipe m'a avoué que ce n'était pas Godzilla le père de son bébé. Elle est enceinte depuis 2 mois et elle ne l'a pas encore annoncé mais elle a calculé et c'est le producteur des [...] avec qui elle a couché pendant un mois qui est le père, elle est sûre. D'ailleurs, si ça se sait, il perd son poste et la chaîne le vire. Il arrêtait pas de lui envoyer des messages hier... Elle m'a fait lire et il disait qu'il était vraiment trop con de pas avoir mis de capote et qu'il fallait absolument qu'elle avorte car sinon ça allait se voir direct à la naissance. Faut dire qu'il est blanc alors que Godzilla est métis. Elle est vraiment dans la merde. Elle m'a supplié de rien dire mais ça me démange parce que je m'entends super bien avec Godzilla...

Ça me fait vraiment mal au cœur pour lui parce qu'il est gentil quand même ce mec. C'est un mec bien et il se doute pas une seule seconde du truc...

Je peux pas en faire d'article parce que vraiment c'est trop humiliant pour lui… Je l'aime vraiment bien, il m'envoie toutes les infos du tournage à chaque fois en plus et il va me scanner les contrats de travail qu'ils ont signés lors de la dernière saison…

Mercredi 22 février 2017

Je suis en Tunisie pour filmer les 3 opérations de chirurgie esthétique de Catwoman. Le reportage va faire scandale, c'est sûr car elle a accepté que tout soit filmé sans censure en échange de quoi elle ne paie pas ses opérations. Je sais pas trop dans quoi je m'embarque mais je suis quand même assez choqué des raisons pour lesquelles elle fait de la chirurgie. Elle m'a dit en interview que c'était à cause des critiques des internautes… Je la trouve jolie moi comme elle est, je comprends pas…

Y a un truc horrible qui s'est produit pendant le tournage, ma cadreuse a reçu un jet de graisse dans la tête car elle était super près du corps pendant l'opération. Elle en avait plein ses lunettes, j'étais mort de rire… On vit de ces trucs quand même avec ces candidats de télé réalité… C'est lunaire.

J'ai reçu un SMS de Pikachu qui a vu que j'étais avec Catwoman en Tunisie et il voudrait lui aussi que je filme son opération. Il veut faire une pénoplastie. Il m'a carrément dit qu'il devait faire augmenter la taille de son sexe pour choper plus de meufs dans les émissions car apparemment la production est pas sûre de le rappeler parce qu'il est trop timide avec les filles et pas assez entreprenant.

On verra si je filme son opération parce que y a un autre candidat qui veut faire pareil, sauf qu'il veut réinjecter dans son pénis la graisse de ses poignées d'amour. Je commence un peu à être largué, moi, avec tous leurs délires...

Jeudi 9 mars 2017

Ces producteurs me font halluciner des fois. Ce soir j'ai mangé avec Le Serpent sur les Champs-Élysées, dans son resto préféré. Il voulait me demander mon avis sur les candidats qu'il avait sélectionnés pour la prochaine saison de [...] Bah au moins là, ça me confirme bien ce que je pensais sur le casting. J'ai vu TOUS ceux qui ont déjà signé. Il m'a demandé mon avis (non mais parfois j'ai l'impression de travailler pour lui) sur quelle « pétasse » faire venir pour dynamiser le programme. Ce sont ses mots, hein. En gros il m'a dit qu'il hésitait entre Neptuna et La Girafe. Il dit qu'elles baisent facilement avec les mecs et que ça va forcément faire des histoires, vu qu'elles vont briser des couples.

Il m'a carrément balancé qu'il allait les payer deux fois plus que les autres pour être sûr qu'elles fassent le taf. Non mais sérieux, des fois moi j'hallucine, j'ai l'impression d'être face à un mac qui fait tapiner ses candidates…

Le pire c'est que ces filles acceptent, je comprends pas… Apparemment elles vont toucher 7 500 balles au lieu de 3 000, je crois, pour deux semaines. Mais il ne sait pas encore laquelle prendre. Il attendait que je l'aide et m'a demandé laquelle avait fait le plus de buzz et de vues dans mon bain… Le seul souci, c'est qu'elles ont presque fait le million de vues toutes les deux donc bon… Bref je lui ai dit que j'en savais rien.

Mercredi 15 mars 2017

C'est hallucinant comme on ne peut avoir confiance en personne. J'ai encore reçu des dossiers médicaux ultra confidentiels, dont celui de Loana, dans mes mails. Mais sérieux, les gens qui bossent dans les hôpitaux ont pas peur de se faire virer ?

La semaine prochaine d'ailleurs je suis convoqué à la police judiciaire car ils font une enquête sur le policier qui m'a envoyé plusieurs plaintes déposées par des candidats que j'ai publiées sur mon blog… Apparemment ils ont vu les articles et ont lancé une enquête en interne…

C'est fou n'empêche, j'ai l'impression que dans tous les métiers y a des taupes et que tout le monde suit la téléréalité… J'appréhende un peu cette audition parce que la dernière fois que j'ai été convoqué, c'était pour Johnny Hallyday, quand le mec qui avait piraté le Facebook de Laura Smet m'avait envoyé toutes ses conversations privées parlant de l'état de santé de Johnny... Il voulait que je balance tout pour se venger des magazines qui ne lui proposaient pas assez d'argent pour l'info. Hors de question pour moi de faire un article sur le cancer de quelqu'un, franchement... Vraiment ce monde est dégueulasse. Hâte de le quitter.

Jeudi 20 avril 2017

Je suis encore un peu choqué de la dernière soirée que j'ai passée chez La Méduse. J'ai pas écrit depuis un petit moment parce que vraiment j'ai mis du temps à réaliser ce qu'il s'était passé. Y avait encore des candidats [...] qui prenaient de la coke au milieu du salon, alors qu'on était en plein apéro en train de manger des tomates cerises. Je comprends pas leur délire. Bref, La Méduse m'a présenté un mec super sexy, un bad boy avec qui je me sentirais protégé, elle m'a dit.

C'est vrai qu'il était bien musclé et viril mais j'ai eu la peur de ma vie. Pendant la soirée, il m'a emmené dans la chambre de la Méduse et il m'a mis un flingue dans la bouche en me demandant si ça m'excitait. Trop malsain, ça m'a pas du tout excité, au contraire j'ai eu la peur de ma vie. Y a vraiment des gens chelous chez elle à chaque fois. Du coup je suis rentré chez moi à pied en pleine nuit parce que vraiment je me sentais plus du tout bien là-bas... Comment c'est possible sérieux que ces gens fréquentent des tarés comme ça ?

Samedi 22 avril 2017

Bon ben j'ai bien fait de partir l'autre soir... La Méduse vient de m'apprendre que le mec qu'elle m'avait présenté venait d'être incarcéré après avoir été pris en flagrant délit lors d'un hold-up dans une station essence hier... Moi, c'est fini, je ne vais plus à leurs soirées et je ne fréquente plus ces gens. Ils sont vraiment trop craignos. Je suis sûr que le mec était même pas gay et qu'il voulait juste me gratter de la thune...

La dernière fois que la Méduse m'a présenté un mec, il était lui aussi parti en prison et m'avait demandé de payer sa caution... Il voulait que je lui envoie 7 500 balles. Comme si on pouvait sortir de prison avec une caution en France, sérieux...

Franchement ça me fait peur parce que tous ces gens connaissent mon adresse, je me sens de moins en moins tranquille chez moi...

Déjà qu'il y a des fans qui squattent mon hall d'immeuble et qui me filment avec un drone dans ma cour intérieure... L'autre fois y avait cette fan que j'ai vue au moins 3 fois à des dédicaces en Suisse, en Belgique et à Paris. Elle était encore là assise sous les boites aux lettres dans le hall. Et quand je bossais sur mon ordi dans le salon, je l'ai entendue dans la cour dire au téléphone à quelqu'un : « il est dans son salon, je l'entends tousser. »

Du coup j'ai appelé la police qui est venue la sortir de mon immeuble. Elle hurlait et pleurait en disant qu'elle m'adorait. Franchement ça m'a fait de la peine mais bon, on sait jamais de quoi elle est capable... Moi ça me fait flipper ça, sérieux.

Dimanche 7 mai 2017

Hier j'étais à une soirée avec Cagolita et Débilo dans une boîte de nuit horrible. Remplie de gens déchirés et ultra lourds, franchement je sais pas combien de temps je vais tenir mais ça commence à me gonfler de plus en plus ce genre de soirée. Le truc, c'est que je suis obligé de les fréquenter pour avoir les exclus en avant-première... Mais franchement, à quel prix... Cagolita m'a raconté que le rédacteur en chef de la dernière saison des [...] lui avait demandé de lui ramener de la cocaïne car il ne tenait plus le rythme. Et comme elle a couché avec lui à plusieurs reprises et qu'elle a peur que ça se sache, elle a été obligée de le faire. Elle m'a avoué avoir rempli un grand tampon de cocaïne et se l'être inséré pour pas avoir ça dans ses valises et ne rien risquer... Le pire, c'est qu'après elle a fait une infection car j'ai rien compris à ce qu'elle racontait mais elle n'a pas pu tourner pendant trois jours et est restée à l'hôtel...

J'ai l'impression que ces gens n'ont plus aucune limite. Parce que malgré cet incident, elle a passé la soirée en loges avant de monter sur le podium à sniffer de la coke. J'ai eu super peur parce qu'à la fin de la soirée, vers 5h30, elle a fait un malaise dans la loge et comme on était à l'opposé de la piste de danse, et que le directeur de la boîte était pas là. Il gérait une bagarre à l'entrée.

Franchement, j'ai eu la peur de ma vie. Heureusement Débilo n'en avait pas pris et il était juste déchiré au whisky. Il m'a aidé à faire un massage cardiaque car je savais plus trop comment on faisait. On l'a réanimée parce que je crois qu'elle était limite tombée dans le coma... Elle respirait encore mais je sais pas, elle bougeait plus. C'était horrible, je lui ai fait du bouche à bouche et elle a vomi juste après...

On a réussi à rejoindre le responsable de la boîte à l'entrée et on a appelé les pompiers, qui l'ont emmenée à l'hôpital. Franchement j'ai passé une nuit horrible, j'étais pas frais ce matin dans le train. Là je viens juste d'arriver chez moi et je crois que vraiment je vais arrêter ces soirées parce que je m'y sens vraiment mal... En plus je bois de plus en plus pour tenir et je commence grave à prendre du bide...

Bref, j'ai eu des nouvelles de Cagolita, apparemment ça va aller elle sort demain de l'hôpital... Mais putain j'ai cru qu'elle était morte dans la loge, ça m'a vraiment fait bizarre...

Elle me fait de la peine cette fille parce que je sens qu'elle est pas bien et que ce système est en train de la broyer. Je me sens investi d'une mission envers elle: l'aider et ne pas la lâcher car je sens qu'à tout moment elle peut faire une bêtise...

Du coup je vais passer sous silence cette histoire et ne pas faire d'article car ça risquerait de la détruire encore plus...

Samedi 10 juin 2017

Quelle horreur, c'était donc bien vrai ces histoires scato à Dubaï... Je pensais que Cruella mentait et qu'elle voulait se venger de La Mante religieuse qui lui a volé son mec sur le dernier tournage, mais j'ai vu les vidéos. J'ai cru tomber dans les pommes en voyant ça...

Apparemment c'était il y a quelques semaines. La Mante religieuse a accepté ce truc ignoble parce que le mec (je crois que c'est un homme d'affaires) lui a payé deux sacs Hermès et ses 3 prochaines opérations de chirurgie esthétique.

Franchement, ça fait longtemps que j'entendais parler de ces vidéos mais je pensais qu'elles étaient bidons. Là je les ai vues. C'est pas des conneries.

Cruella m'a montré une scène choquante où la Mante religieuse se fait recouvrir le visage d'excréments dans un lit avec des draps rouges. On voit pas le mec, on voit juste les jambes au-dessus du visage et des excréments qui tombent pendant 15 secondes dans ses cheveux et sur son visage. Mais vraiment je suis choqué. Elle m'a proposé de m'envoyer les vidéos mais franchement c'est impubliable. Je peux clairement pas sortir ça sur mon blog. Et franchement ça me fait peur... J'ai pas envie de tomber dans le trash...

En plus, vu que La Mante est actuellement à l'antenne, ça craint... Je comprends pas comment une meuf qui participe à autant de programmes et de saisons accepte de faire ça... Elle gagne pourtant bien sa vie avec la télé...

J'ai vu une autre vidéo avec Falbala, sous la douche cette fois-ci. Elle se faisait uriner dessus avec des dollars à la main... Et le mec lui demandait si elle avait envie de nettoyer ses fesses sales avec sa langue. Beurk dégueulasse aussi. Je me sens pas capable de balancer ça, c'est hyper humiliant et elle avait vraiment pas l'air bien sur la vidéo... On aurait dit qu'elle était pas consciente...

C'est bizarre mais en ce moment j'ai de moins en moins envie de faire d'articles... Enfin, j'aimerais bien dénoncer tout ce réseau de prostitution et les dérives de la téléréalité mais je sais pas trop comment faire sans viser les personnes en question… Ces filles me font de la peine, j'ai envie de les aider parfois car je sais pas, j'ai l'impression qu'elles sont victimes d'un système… Falbala en ce moment n'a plus d'appartement à Paris, elle vit à droite à gauche et a l'air vraiment en galère d'argent…

Bref, je sais pas comment Cruella a eu ces vidéos mais maintenant je sais qu'elles existent et que c'est pas des rumeurs. Elle m'a dit que la Mère Maquerelle contactait toutes les nouvelles candidates pour leur proposer des voyages à Dubaï…

Jeudi 13 juillet 2017

Hier soir je suis sorti boire un verre avec Poséidon. Il arrêtait pas de me dire qu'il avait des vidéos qui pourraient m'intéresser. Je sais pas trop comment il est au courant que j'ai vu les vidéos scato que Cruella m'a montrées mais bon… J'imagine qu'elle a dû lui dire…

Bref, il m'a montré à son tour une vidéo de Roberta (je pensais vraiment pas qu'elle faisait des trucs comme ça elle aussi). Franchement, c'est grave ce qu'il se passe. J'ai failli vomir en voyant la vidéo. D'ailleurs, j'ai pas pu la regarder jusqu'au bout. Je lui ai demandé de la couper. Encore une fois des trucs ignobles : j'ai vu un mec assis sur son visage en train de bouger d'avant en arrière. Roberta était allongée sur un grand canapé beige et il se frottait sur son visage au-dessus d'elle. Quand il s'est relevé, il y avait des taches marrons PARTOUT. Sur son visage, sur le canapé beige.

J'ai pas regardé la suite. J'ai pas pu, vraiment. Apparemment c'est le mec de la vidéo qui avait le film sur son téléphone et qui l'a envoyé à Poséidon parce que Roberta ne voulait pas le revoir... Et comme il savait que Poséidon était son ex, il a voulu se venger...

Dimanche 20 août 2017

Je viens de rentrer chez moi. Je suis épuisé et en larmes. Les autorités tunisiennes m'ont bloqué à l'aéroport et retenu en otage pendant presque 24h dans une salle sans eau ni nourriture. Impossible de savoir pourquoi. On m'a interdit l'accès au pays. Je suis fiché et interdit de territoire. Je ne comprends pas. Quand j'ai passé la douane pour montrer mon passeport et rejoindre Sabrina et Sacha, deux policiers sont venus me chercher et m'ont embarqué dans une salle en isolement.

J'y ai dormi comme un chien par terre, sans couverture ni rien. Le temps était interminable. J'ai vraiment eu peur et je me suis demandé si c'était à cause de mon homosexualité. J'ai pensé au pire, j'ai pas arrêté de pleurer... Personne ne m'a donné d'informations. Tout au long de la nuit, des gens m'ont rejoint. Y avait un père de famille français avec son fils, il m'a dit qu'il ne comprenait pas non plus pourquoi on lui avait interdit le territoire alors qu'il avait réservé une semaine de vacances avec son fils. Apparemment il porte le même nom qu'un terroriste et ils ont eu un doute sur lui…

Moi je ne comprends pas… Mes amies tunisiennes m'ont dit que c'était sans doute mes reportages sur la chirurgie esthétique qui posaient problème et qu'une clinique concurrente à celle où j'ai filmé Catwoman la dernière fois m'a dénoncé pour que je ne tourne plus rien susceptible de leur faire de l'ombre… Je suis dépassé et fatigué par tout ça. Je ne sais pas comment je vais faire pour mon reportage car il était censé être diffusé chez Ardisson pour ma première chronique à la rentrée…

Bref, je vais me coucher. Ras-le-cul de tout, je suis épuisé et j'ai tellement eu peur… J'ai envie de tout arrêter, ce milieu est vraiment en train de m'épuiser.

Mardi 12 septembre 2017

La meilleure du jour : le producteur de […] veut que je révèle que le producteur des […] (l'émission concurrente) couche avec Voldemort. C'est d'ailleurs pour ça, apparemment, qu'il a fait deux saisons alors qu'il ne sert à rien dans le programme. Bref, je lui ai dit que j'avais pas prévu de faire d'article sur ça parce que j'avais pas envie de me taper un procès et il m'a alors proposé de me verser 3 000 euros par mois pendant un an si je sortais des trucs sur cette émission concurrente et sur son producteur.

J'ai refusé parce que franchement si je commence à me faire payer pour balancer sur la concurrence, je vais jamais m'en sortir. Il m'a invité ce soir au resto pour me balancer plein d'autres trucs mais je vois une copine ce soir donc j'ai dit que j'étais pas dispo. Il m'a dit qu'il fallait qu'il réfléchisse comment faire tomber ce programme, qui selon lui, est un concept qu'il a créé et qu'on lui a volé…

Jeudi 14 septembre 2017

Trop content, je viens de signer un énorme contrat avec une marque à l'année. J'ai reçu au moins 20 messages de candidats me demandant le contact pour bosser avec cette marque. Ils me font rire. Comme si j'allais leur donner le plan alors que j'ai galéré à avoir ce contrat tout seul !

C'est bizarre, en ce moment je sens que le milieu est en train de changer. Ça fait quelques mois qu'il y a de plus en plus de marques qui veulent nous payer pour faire de la pub et que presque plus aucun candidat ne fait de bookings en boîte de nuit, ça rapporte beaucoup moins cela dit…

D'ailleurs j'en peux plus, y a des nouveaux agents qui veulent ouvrir des agences d'influence tous les 3 matins. Ils m'appellent tous pour me demander des conseils et des contacts de marques pour qu'elles fassent appel à leur agence. La majorité, c'est des blaireaux sortis de nulle part qui rêvent de téléréalité. Ah non, mais moi j'en peux plus.

D'ailleurs, je suis choqué, y en a un qui commence bien à se démarquer et je viens d'apprendre que la Reine des neiges l'avait cambriolé. Cette candidate, qui enchaîne les émissions de téléréalité, a cambriolé SON PROPRE AGENT.

Tout à l'heure il m'a appelé en me disant qu'il était au commissariat pour déposer plainte car la Reine des neiges a pénétré dans ses locaux professionnels la nuit pour tout saccager et lui voler toute sa marchandise. Ce monde me fait halluciner, parce qu'elle a une image catastrophique et elle cambriole la seule personne qui croit en elle et lui apporte des contrats... Je suis sur le cul...

Samedi 16 septembre 2017

Je suis dans ma chambre d'hôtel, toujours en Belgique. J'attends que madame Irma arrive pour notre soirée. La Mante religieuse est partie prendre son train car le patron de la boîte la voulait qu'une soirée et pas tout le week-end.

Je suis choqué. La réception m'a appelé en me demandant si je savais ce qu'il s'était passé dans la chambre 307, celle de la Mante Religieuse. Je leur ai répondu que j'en savais rien car elle était rentrée après moi hier soir après la soirée et que j'avais dormi dans ma chambre, à l'étage en dessous.

Apparemment ils ont retrouvé les murs salis d'une substance marron (des excréments, ils disent) et la femme de ménage a alerté la direction car elle dit que ça sent très fort et que la chambre est dans un état catastrophique...

Je suis choqué, je pensais pas qu'elle faisait ça en Europe. Le mec de la réception me dit que l'hôtel veut déposer plainte contre elle pour dégradation et veut que j'aille parler avec le directeur... Mais moi, j'en sais rien, je dormais... Apparemment sur les caméras, ils ont vu qu'un monsieur de 60/65 ans était monté avec elle dans sa chambre hier et ils disent que ce n'était pas un client de l'hôtel...

J'ai envoyé un message à La Mante religieuse mais elle ne répond pas...

Dimanche 24 septembre 2017

Bon voilà, mon interview sur la prostitution dans la téléréalité a été diffusée ce soir chez Ardisson. J'ai tellement vu de choses ces dernières semaines que je me devais de les dénoncer. Trop de candidates y sont mêlées et certaines n'ont pas l'air d'avoir le choix. Il fallait que je dise ce que je savais.

Tout le monde sur le plateau a halluciné sur ce qu'il se passait. Il faut dire que le témoignage était fort et que la candidate qui a témoigné a tout vu sur place car elle était présente à Dubaï... Cette candidate ne veut pas qu'on sache qui elle est. Elle a fait pas mal d'émissions mais elle ne voulait pas qu'on donne son nom. On a dû tourner l'interview cachés dans un endroit secret à Paris et elle est arrivée maquillée avec une perruque pour pas qu'on la reconnaisse.

Je me fais menacer par mails anonymes depuis que l'émission a été diffusée et apparemment un paparazzi veut me faire virer de C8 pour ce que j'ai dévoilé. Il est furieux et promet que je vais perdre mon poste dans les prochains mois car il connaîtrait des gens de la direction...

Je comprends pas trop car je n'ai donné aucun nom, j'ai juste fait un travail journalistique et recueilli un témoignage... Mais visiblement, ça en dérange certains... Je comprends vraiment pas pourquoi ce paparazzi m'en veut autant. Il était le premier à traiter certaines candidates de prostituées, bizarre quand même.

Mercredi 27 septembre 2017

Franchement, c'est infernal les menaces que je reçois depuis la diffusion de ce reportage. Je comprends pas.

Y a même la police judiciaire qui veut m'entendre pour me poser des questions car apparemment y a une enquête qui va être ouverte... J'ai décidé d'investir dans un garde du corps en bas de chez moi parce que là vraiment les menaces deviennent de plus en plus graves et que ça fait 2 nuits de suite que ça sonne à mon interphone la nuit et qu'on me dit que j'aurais jamais dû parler... J'ai l'impression que j'ai mis les pieds dans un truc qu'il fallait pas...

Ardisson a fait une interview chez Morandini qui lui a demandé si ce reportage était vrai ou bidon. Ça fait un bruit pas possible, j'ai l'impression que tout le monde ne parle que de ça. Je suis super touché d'ailleurs car Ardisson a dit des trucs vraiment cool à mon sujet. Je les écris, comme ça dans quelques années quand je les relirai, ça me fera plaisir et je les oublierai pas.

« Je fais confiance à Jeremstar. Je suis très content de lui. Quand j'ai pris Jeremstar, on m'a dit "Pourquoi tu prends Jeremstar... ?" Moi je l'avais repéré parce qu'il avait été invité dans Salut les terriens le samedi. J'avais repéré le gars, bosseur, intelligent, qui veut apprendre, qui veut progresser... C'est un type qui ira très loin, Jeremstar. »

J'en reviens toujours pas d'être chroniqueur chez Ardisson, n'empêche... C'est dingue. Je vais enfin pouvoir évoluer dans ma carrière et m'éloigner de la téléréalité. Ma mère est fière de moi, elle a regardé l'émission. J'ai l'impression que c'est la première fois de ma vie qu'elle est fière de moi. Enfin !

Vendredi 29 septembre 2017

Très fatigué de tout. Je regrette presque d'avoir fait ce reportage sur la prostitution dans la téléréalité chez Ardisson parce que depuis la semaine dernière, je subis des menaces non-stop. En plus ça commence à me coûter cher ce garde du corps, je sais pas combien de temps je vais continuer à le payer mais bon il me dit que la nuit y a des gens en bas qui cherchent à entrer dans l'allée de mon immeuble et qu'il y a des voitures suspectes qui rodent... Je suis vraiment pas rassuré.

En plus de ça, y en a qui me disent qu'un scandale va éclater à mon sujet dans pas longtemps pour m'éteindre... C'est fou quand même, tout ça pour un reportage... Je comprends pas.

De toute façon, je vois pas trop ce qu'on pourrait sortir sur moi. Je me drogue pas, j'ai arnaqué personne... Bref, je pense qu'on veut surtout me faire peur et m'intimider...

* * *

En Janvier 2018, seulement quelques mois plus tard, une terrible polémique éclatera, suivie d'une violente campagne de harcèlement et de dénigrement que vous connaissez donc à présent sous le nom de « Jeremstar Gate »...

J'arrête alors mon journal intime à ce moment-là, complètement dépassé par tout ce qu'il va m'arriver...

La suite, vous la connaissez : je perd tout et tente de survivre à toutes les horreurs dont on m'accuse. Je mène une multitude d'actions en justice pour faire condamner les acteurs de cette machinerie à mon encontre. Encore aujourd'hui, en 2022, je me bats pour survivre et sortir la tête de l'eau.

Je décide de fermer mes sites people et de changer complètement de ligne éditoriale. Des dizaines de blogueurs pullulent par ci et par là et affirment prendre ma relève. Aucun d'entre eux ne parviendra à accomplir tout ce que j'ai accompli à l'époque.

Bienvenue dans le monde infernal des blogueurs téléréalité. Toujours plus trash, toujours plus odieux... ils n'auront alors plus aucune limite. Parfois, j'ai l'impression d'avoir créé des monstres. À la différence que moi, je restais gentillet, quand je vois de quoi ils sont capables aujourd'hui... C'est la course aux scoops, la guerre entre eux. C'est à celui qui sortira la pire horreur avant l'autre.

Et si l'autre ne sort rien, c'est parce qu'il a perçu de gros virements bancaires pour se taire de la part de celui sur qui il détient des infos. Bienvenue dans un monde qui déraille complètement et où le quotidien est rythmé par des extorsions de fonds, du chantage, des menaces...

J'ai observé de loin ces dernières années comment le « milieu » avait changé et quels individus avaient pris « ma relève ».

Certaines personnalités médiatiques ont été victimes de ces blogueurs. Je me souviens avoir vu certaines d'entre elles fondre en larmes devant moi et me dire : « Jerem, depuis que tu as quitté ce milieu, c'est horrible. C'est de pire en pire. Toute la journée, ce blogueur me menace de me faire un gate comme le tien parce que je ne veux pas lui donner d'infos. Il me menace de détruire ma famille et mes enfants... »

Ces blogueurs, prêts à tout et sans foi ni loi, n'ont peur de rien et sont obsédés par l'argent facile, les placements de produits, Dubaï... Ils te balancent en story avec un naturel déconcertant : « Je suis épuisé aujourd'hui, cela fait une semaine que je ne dors pas de la nuit car je viens de finir d'orchestrer un Gate. »

Eh oui, après « mon Gate », de nombreux autres gates se sont succédé sans que jamais ces blogueurs ne soient inquiétés par la justice. Tout part en vrille, plus rien n'est grave du moment que ça fait parler d'eux.

Bienvenue dans un monde où seul le buzz et les abonnés triomphent. Balance tout et n'importe quoi sur n'importe qui de connu pour exister. Les réseaux sociaux sont devenus un repaire de jeunes perdus, désaxés et sans plus aucune ambition. Tous veulent vivre de placements de produits. Instagram et Snapchat sont devenus de vrais emplois. On peut y gagner un max de fric. Les algorithmes peuvent vous propulser et vous faire gagner des millions d'abonnés en quelques jours. Tout est devenu facile. Tout est devenu bidon. Plus personne n'a envie de s'emmerder à travailler. Tout le monde recherche la facilité.

Ah on est loin de mon époque, hein. Moi, j'ai trimé et je n'ai rien lâché. Ce n'était pas si simple. Mon argent, je ne l'ai pas volé et je ne l'ai pas gagné salement. Je n'ai pas toujours été cool, c'est vrai, mais j'ai gardé bien des secrets. Vous l'avez vu avec les extraits de mon journal intime.

Ah, moi, j'étais un enfant de cœur à côté, croyez-moi !

Vous savez, j'ai appris qu'Aqababe avait déclaré, quand il a été auditionné, qu'il avait voulu faire comme moi et qu'il avait appliqué mes codes pour prendre ma place. Ce n'est pas le seul, j'imagine, ils sont des dizaines à m'avoir suivi alors qu'ils n'étaient encore que des enfants, devenus par la suite avides de gloire et de téléréalité.

Mais je crois que le message a mal été perçu. Je n'ai JAMAIS accusé les gens de choses aussi graves qu'ils ne le font aujourd'hui. Je me contentais d'apporter l'épisode « supplémentaire » des émissions, ce que les candidats vendaient eux-mêmes à l'écran: tromperies, couples, clashs... Et puis, moi j'avais une vraie structure, je vérifiais mes informations. Je menais un travail journalistique de fond.

Je suis aujourd'hui effaré, avec le recul, de voir dans quel milieu atroce j'évoluais. Il fallait vraiment que je le quitte, c'était une question de survie, là aussi.

Chapitre 8

LA MEILLEURE VERSION DE MOI-MÊME

Vous vous en êtes sûrement rendu compte : j'ai beaucoup changé. Les polémiques, les trahisons, les injustices, les mensonges, bref tous ces coups de poing pris en pleine figure durant ces cinq dernières années m'ont affaibli et fait du mal, et en même temps, ils m'ont endurci. Aujourd'hui, je vois la vie autrement. Je ne suis pas encore guéri de mes blessures, et je sais que l'enfer que j'ai vécu me hantera encore un bon moment. Mais avec le recul, étant quelqu'un de nature positive, je cherche le bien dans tout ce malheur. Je pense avoir trouvé. Je suis un autre homme. Un homme meilleur.

Je me serais évidemment bien passé de toutes ces souffrances, de ce stress et de cette angoisse qui m'habitent encore quotidiennement – et je sais que d'autres épreuves m'attendent –, mais au final, et c'est sans aucun doute la plus belle de mes victoires, j'entrevois enfin le bout d'un tunnel essentiel à mes yeux : je sais que je vais aller de mieux en mieux, en accord avec moi-même, en adéquation avec mes valeurs profondes. Après avoir passé plus de quinze ans à courir après la gloire, la notoriété et la reconnaissance, je pense détenir la nouvelle recette de ce qui sera mon véritable bonheur, loin du buzz permanent, loin des clashs, loin de ce milieu tordu et vicieux du show-biz et de la téléréalité.

Mais avant de vous en livrer les ingrédients et de raconter quelle vie je veux à présent mener, je veux une dernière fois en finir avec « l'ancien Jeremstar ». J'ai déjà fait plusieurs fois mon mea culpa, mais me considérant comme le premier juge de mes comportements passés, je souhaite ici présenter mes excuses, sincères et solennelles, à toutes les personnes que j'ai pu blesser du temps où je balançais ragots et potins sur mon blog, où je donnais la parole à des personnes qui en clashaient d'autres lors de mes « Interviews Baignoire », notamment.

Je reconnais avoir fait du mal. Je reconnais ne pas toujours avoir fait les choses de la meilleure manière possible. J'assume ce passé. Je ne cherche pas à m'en dédouaner. Mais aujourd'hui, avec du recul, je suis enfin apte à réellement l'analyser.

À une époque de ma vie que tout le monde connaît, jeune, idiot et insouciant, j'ai parfois été trop loin, aveuglé par l'envie de me faire connaître. J'étais seul sur ce créneau nouveau, cet univers de la téléréalité aujourd'hui devenu une terrible et dangereuse machine. J'ai blessé beaucoup de personnes. Inconscient à l'époque et je m'en rends compte aujourd'hui, j'ai peut-être contribué à des vagues de dénigrement. Encore une fois, je ne cherche pas à me dédouaner, je veux juste expliquer: à cette époque, les réseaux sociaux n'étaient pas aussi importants qu'aujourd'hui. Une moquerie, une « pique » ou un commentaire provoquant ne devenait pas aussi viral et ne prenait pas tant d'ampleur. Cela ne veut pas dire que ce n'était pas violent, et je présente une fois de plus mes excuses aux personnes à qui j'ai pu faire du tort, mais ça ne faisait pas autant de dégâts.

Je ne pense pas avoir été un harceleur, au sens strict, et comme on peut le concevoir aujourd'hui; mais oui, j'ai été vecteur de harcèlement en relayant tout ça. J'étais au cœur d'une machine qui m'a plus tard explosé en pleine tête. Après les terribles épreuves que j'ai subies ces dernières années, et en devenant en quelque sorte « l'arroseur arrosé », je mesure désormais les conséquences que cela peut avoir.

Cela fait maintenant un bon moment que je suis très, très loin de tout ça. Mes nouveaux concepts vidéo, ma ligne éditoriale, mon nouveau mood en témoignent. Je ne banalise plus la vulgarité et la violence des programmes que je relayais à l'époque. Je suis passé à autre chose. Mais mon passé me rattrape tous les jours. Quand je condamne un comportement odieux ou quand je signale une campagne de cyberharcèlement, on me répond : « C'est un comble que tu t'insurges contre une chose dont tu as par le passé fait ton fonds de commerce. » Je n'ai pas besoin de répondre. Ma communauté prend souvent ma défense : « Ce n'est pas parce que quelqu'un a été ce qu'il a été dans le passé qu'il n'a pas le droit de devenir quelqu'un d'autre, d'apprendre de ses erreurs, de les corriger, et de changer. »

J'ai été un connard, sans aucun doute. J'ai fait du mal, c'est évident. Mais je le reconnais. Et je pense que si aujourd'hui je me sens autant légitime dans mon combat contre le harcèlement, c'est aussi parce que j'ai été, d'une certaine manière, des deux côtés.

Quand je fais le bilan de ces années écoulées, je me rends compte que ma vie a totalement changé.

Déjà, j'ai fait du vide autour de moi. Je me suis libéré des gratteurs, des profiteurs, des personnes qui avaient un contrôle sur ma vie. Je me suis débarrassé des potins, du scandale, du négatif. Je ne veux plus que qui que ce soit me contrarie, ait un impact sur mon humeur, ma santé mentale, je veux me débarrasser des pressions sociales extérieures et être le seul décisionnaire et arbitre de ma propre vie. Je veux n'écouter que moi-même.

Je n'ai plus besoin du regard de proches qui m'encensent en permanence, me « câlinent », me disent que je suis le meilleur.

Je n'attends plus la reconnaissance des autres. Stop de vouloir prouver que je suis quelqu'un qui bosse, qui a des idées originales et du mérite à les développer. Tant pis si les autres ne le pensent pas, moi, je le sais, et c'est le principal, l'essentiel même ! Je n'ai plus l'envie ni le besoin de prouver au monde entier que j'ai réussi et que ma petite affaire dure depuis maintenant quinze ans ! Je veux prendre du temps pour moi. Prendre le temps de vivre tout simplement. Avant, j'avais l'impression que si j'étais absent des réseaux sociaux pendant une demi-journée, c'était la fin du monde. Et que si je ne sortais pas telle vidéo à tel moment, quelqu'un allait venir taper à ma porte en me disant : « Bon alors, la vidéo elle est où ? Elle sort quand ? » Je me mettais une pression folle.

Je ne ressens plus forcément le besoin de faire la une des médias. Je vis bien mieux loin du buzz permanent. J'ai ma communauté et mon public, et cela me comble largement, je n'ai plus besoin qu'on parle de moi ailleurs. Certains candidats de téléréalité, avec qui je reprends parfois contact, me disent des fois, déconnectés de la réalité, qu'on m'a éteint, qu'on n'entend plus parler de moi, que je n'ai plus d'actualité. Mais bien au contraire ! On n'entend plus parler de moi dans leur milieu putassier, oui (et ça me va très bien), mais je n'ai jamais eu autant de projets en cours et à venir. Sauf qu'aujourd'hui, mon actu est respectable et ne fait plus les choux gras. Je suis fier, après tout ce qu'il m'est arrivé, de remplir des salles de spectacles incroyables pour mon one-man-show. D'être debout sur scène, toujours vivant. Je suis heureux de m'épanouir avec des choses qui me nourrissent intellectuellement bien plus que des histoires de seins refaits et de coucheries sur le tournage des « Marseillais ». Aujourd'hui, je réussis avec des choses valorisantes, sans faire de mal à qui que ce soit. Et ça, ça n'a pas de prix. Ce n'est pas parce que je ne passe plus tous les quatre matins à la télé que je n'existe plus !

Et je pense que je n'ai désormais plus rien à prouver. J'ai réussi. J'ai mené les projets qui me tenaient à cœur. Alors je ne prends pas ma retraite, hein ! Pas du tout ! J'ai encore plein d'idées en tête et je n'aurai pas assez d'une vie pour tout faire. C'est juste que j'aborde la suite de ma carrière autrement.

Ce qui me rend heureux, aujourd'hui, c'est de me rendre compte que je suis en train de devenir la meilleure version de moi-même et d'identifier les choses qui me rendent réellement heureux dans la vie. J'ai beaucoup voyagé l'été dernier, surtout à l'étranger, et j'ai fait des rencontres bien plus intéressantes que ces influenceuses à la vie superficielle à Dubaï et partagé des moments de vie avec des gens humainement mille fois plus enrichissants.

Ma nouvelle philosophie de vie, recentrée sur moi-même (ce qui ne veut pas dire être égoïste) et sur ce qui fait mon bonheur, est le résultat d'une longue réflexion. Je me débarrasse du superflu, des humeurs toxiques, des gens négatifs et mal-pensants, bref de tout ce qui me parasitait l'esprit et m'empêchait d'être moi-même. Je vis en autosuffisance émotionnelle, et suis en quête de choses simples. Des rires, des larmes, des rencontres, des instants de vie. Quand je me projette dans le futur, je me vois en train de chanter, de danser, de vibrer, de découvrir de nouveaux pays, de nouveaux paysages. Je me sens mieux à traire des chèvres dans une petite ferme au fin fond de la Corse que dans des boîtes de nuit m'as-tu-vu de la Côte d'Azur. Je préfère les « bouseux » aux jet-setteurs.

Je me suis rendu compte que je me dirigeais de plus en plus vers une vie minimaliste. J'ai décidé de me débarrasser de beaucoup de choses matérielles. Je n'ai jamais été bling-bling. J'ai une paire de Gucci qu'on m'a offerte et trois pulls Kenzo dans mon dressing mais c'est bien tout. Il n'y a aucun objet ou accessoire de grande valeur chez moi. Je n'ai ni Rolex ni voiture de luxe – je roule en Vélib ! J'ai juste des biens immobiliers pour assurer mon avenir. Mais sinon, je suis quelqu'un d'extrêmement simple. L'été dernier, j'ai même fait un énorme tri chez moi, notamment ces cartons de vêtements et d'accessoires et d'objets que l'on m'envoie et qui eux aussi me parasitent la vie. Je n'en ai pas besoin. J'ai donc viré 90% de ce qu'il y avait chez moi, j'ai tout donné à des associations. Je n'ai à présent que des choses qui me servent réellement ou qui ont une vraie valeur à mes yeux.

J'en profite d'ailleurs pour adresser ce message à mes fans : je suis très touché par tous les cadeaux que vous me faites et que vous m'envoyez. Je vous en remercie. Mais gardez votre argent, je n'ai besoin de rien. Si vous voulez me témoigner votre amour ou votre soutien, je préfère que vous m'écriviez, et surtout que vous veniez me voir en spectacle. C'est le plus beau cadeau que vous puissiez me faire. Quand je suis sur scène et que je vois des salles pleines à craquer, là j'ai réellement envie de pleurer. Là, je suis réellement heureux. Et puis le meilleur des soutiens et des cadeaux est sans doute de me suivre au quotidien, soutenir mes projets et m'encourager. Ce sont ces attentions-là qui me vont droit au cœur.

Si je vois la vie autrement, c'est aussi parce que j'ai failli la perdre, deux fois. La mort m'effraie depuis toujours et, paradoxalement, me tient en vie. J'en ai si peur que ça me pousse à vivre à fond. Je suis souvent comme un gamin qui veut tout voir, tout connaître, tout tester. J'ai une soif de vivre parfois incontrôlable. Le problème, c'est que je me mets en danger... comme ce 9 août 2021, à Banyuls-sur-Mer, dans les Pyrénées-Orientales. Ce jour-là, en escapade près de la côte sauvage avec une amie, nous cherchons le moyen d'accéder à une crique. Pour trouver un chemin, je me penche au bord d'une falaise. Je m'appuie à un rocher qui est en fait friable et se détache sous mon poids. Il m'emporte dans sa chute et me fait tomber de cinq mètres dans la pente. Je me retrouve sur un revers de cette paroi, en claquettes (oui, je sais, ce n'est pas très malin), collé contre la falaise en m'agrippant à une racine qui menace de s'arracher et sentant le sol s'effriter sous mes pieds. Impossible de remonter, ni de descendre. En contrebas, une falaise abrupte de 15 mètres. Que je ne vois pas. Je pense d'abord à me laisser glisser pour atterrir en bas. Heureusement que je ne l'ai pas fait car c'en aurait été fini de moi. La chute aurait été mortelle.

Je suis bloqué. La roche sous mes pieds menace de s'écrouler. Ma vie va s'arrêter là ? Vraiment ?

J'appelle au secours. Je hurle même. Deux vacanciers me voient depuis la plage mais ne réagissent pas ! Mon amie tente de me rejoindre pour m'attraper mais glisse à son tour. Elle parvient à remonter le long de la paroi, trouve un moyen de descendre dans la crique, demande de l'aide à ces deux vacanciers qui ne réagissent pas, avant de constater qu'elle ne peut pas me rejoindre. C'est physiquement impossible. Elle appelle les pompiers, qui mettent une heure et demie à venir. C'est long. Très long. Je comprends ce moment où les gens en péril disent qu'ils voient leur vie défiler sous leurs yeux. On me promet qu'un hélicoptère va venir. Finalement, cela prend trop de temps et ce sont huit pompiers qui arrivent. Ils mettent un temps fou à décider comment venir me récupérer. Je finis même par leur crier dessus. Qu'ils se dépêchent ! Je vais tomber et je suis à bout de force.

Un pompier descend en rappel, maintenu au bout de la corde par les sept autres. C'est périlleux et dangereux mais pas moyen de faire autrement. Ce pompier me prend dans ses bras, en cuillère. J'ai les pieds en sang, je suis en pleurs, tétanisé, mais je réunis mes dernières forces pour remonter cette paroi avec lui. Je suis sauvé. Mais à quelques minutes près, c'est quinze mètres plus bas que l'on m'aurait retrouvé. Mort. Je vous avoue que la scène ressemblait à un vrai film de cinéma. J'étais à deux doigts d'embrasser fougueusement le pompier, en larmes, après qu'il m'ait sauvé. Heureusement pour lui, il ne me plaisait pas.

Le deuxième épisode de mon flirt avec la mort se déroule à Majorque, en juin dernier, sur l'une de ces plages où l'on peut marcher longtemps et loin vers le large en ayant encore pied. Je suis avec une amie. On s'amuse dans l'eau quand tout à coup, je réalise que la mer est beaucoup plus haute et qu'elle nous éloigne très très loin du bord. Nous n'avons plus pied. On nage mais impossible d'avancer. Nous sommes pris... dans une baïne ! On se débat dans l'eau, mais le courant nous empêche de faire plus d'un mètre. Nous faisons de grands signes vers la plage, mais parmi nos amis restés au bord, personne ne nous voit. L'eau continue de monter, le courant nous malmène. Comment va-t-on pouvoir sortir de là ? Panique. Mon amie s'épuise. Grâce à mes quelques notions de secourisme, je parviens à la maintenir la tête hors de l'eau. Les minutes paraissent des heures et personne n'a encore remarqué que nous sommes en péril. Mon amie pleure et hurle. C'est la panique, une vraie scène d'horreur. Je suis alors persuadé que l'on va mourir noyés. Je n'ai plus de force, moi non plus. Je suis obligé de lâcher mon amie. C'est terrible car je la vois hurler encore plus fort et boire la tasse, couler... Et là, l'instinct de survie sans doute mais je ne sais pas trop comment, je me laisse un peu porter par un courant, je nage et je finis par retrouver pied. Mon amie est loin derrière moi et je me demande même si elle est encore en vie. Nos amis, de leur côté, ont enfin compris ce qu'il se passe et ont appelé de l'aide. J'arrive à sortir de l'eau et elle est enfin secourue. On fond en larmes, on sait qu'on l'a vraiment échappé belle ! Ces deux accidents m'ont fait prendre conscience à quel point la vie ne tient qu'à un fil, et qu'elle est ce qu'il y a de plus précieux. À l'avenir, je ferai donc bien plus attention à ne pas me mettre dans des situations aussi délicates, à ne plus frôler la mort. Je compte bien faire plus attention à moi. Cela fait deux fois que la nature me donne des avertissements.

Cette nouvelle manière d'envisager la vie, je l'applique aussi à ma vie sentimentale, où bien des choses ont changé, là aussi.

Suite à ma rupture avec Lorenzo, à l'automne 2021, je décide de mettre ma vie amoureuse entre parenthèses. Une décision qui tient quelques semaines... Très vite, je retombe dans mes travers, préférant être mal accompagné que seul. Je commence à chercher un pansement affectif. Pas forcément quelqu'un avec qui je « sors » officiellement, mais au moins une nouvelle présence, un réconfort, un confident. Et pour la première fois, je m'inscris sur des sites de rencontre, pour échanger avec des mecs qui me plaisent, m'occuper l'esprit. Mais rien de plus. Alors déjà, tout sauf Grindr ! Ça non ! C'est beaucoup trop trash pour moi. Sur cette appli, les mecs ne veulent que des « plans cul », ce qui n'est pas du tout mon style. Grindr représente pour moi tout ce qui me fait peur dans le milieu gay. Je m'y étais inscrit, étant plus jeune, mais recevoir des photos de « fist fucking », non merci !

Mon inscription sur les applis de rencontre débute par une anecdote drôle et franchement hallucinante. Tout commence en regardant le documentaire Netflix sur « L'arnaqueur de Tinder ». Tout le monde en parle à l'époque. Ça m'intrigue. Et je ne connais pas du tout cette appli. Je ne sais pas comment ça marche. Avant de m'inscrire, alors que le générique de fin de ce reportage défile encore sur ma télé, je cherche d'abord, par curiosité, le compte Instagram de l'arnaqueur en question, Simon Leviev. Parmi les centaines de faux comptes à son nom, j'en choisis un au hasard, j'envoie un message privé en mode : « Bonjour, t'es le vrai Simon Leviev ? » Eh bien, vous me croyez ou pas mais je reçois aussitôt un message : « Oui, c'est moi. » Quoi ??? Hallucinant. Et une note audio. Je clique. Je reconnais sa voix ! Je demande alors une vidéo pour prouver que c'est bien lui. C'est le cas ! « Bonjour Jeremstar, je suis Simon Leviev, le seul, l'unique », me dit-il torse nu dans son lit... Truc de dingue. Je profite de l'occasion et je tente ma chance pour lui demander une interview. Bon, autant vous le dire tout de suite, le mec est encore dans son délire puisqu'il me demande 12 000 euros pour l'interviewer ! Je n'ai pas donné suite, vous pensez bien. Mais il faut croire que les éventuels arnaqueurs de Tinder ne me font pas peur parce que je m'inscris sur toutes les applications possibles. Tinder, donc, mais aussi Bumble, Happn, Fruitz. Je deviens tellement incollable que je décroche même un partenariat avec cette dernière ! Même au fond du trou et en plein désert amoureux, je ne perds pas le nord niveau business. Elle est pas folle, la guêpe !

Je m'inscris, donc. Mais premier problème : on dirait que cela choque que je sois comme tout le monde, à vouloir rencontrer quelqu'un de « normal ». Et donc tout le monde se demande ce que je fais là ! Deuxième problème : du coup, tout le monde pense que mon compte est un *fake*. Ce qui fait que tous les trois jours, mes profils sont signalés et mes comptes désactivés ! Je suis obligé d'écrire aux supports client pour dire que c'est bien moi. Ça dure un mois avant que mes comptes soit certifiés et que je puisse commencer à vraiment les utiliser.

Mais le plus gros problème est que, traumatisé par toutes mes histoires, je crains désormais la malveillance des gens. C'est terrible à dire mais j'en suis à un stade où je me méfie tellement de tout le monde que je suis obligé de « verrouiller » le cadre de mes relations. Ça peut paraître lunaire mais désormais, je fais signer des contrats de confidentialité sur ma vie et des pactes de non-agression à mes petits copains, mes amis ou les gens que je rencontre pour être sûr qu'ils ne vont pas écrire un livre sur moi ou raconter n'importe quoi dans les médias à la moindre dispute ou séparation. C'est fou, je sais, mais je n'ai pas le choix si je veux me protéger.

Tout cela pour dire que même en voulant vivre comme quelqu'un de normal, comme tous ces gens qui cherchent l'âme sœur sur Internet, ce n'est pas possible pour moi, désormais. Ce qui me rassure, c'est que j'ai quand même fait de très belles rencontres sur ces applis. Je pense notamment à ce mec vivant à Bruxelles qui, deux jours après qu'il y ait eu « match » et par le plus grand des hasards, partait comme moi en vacances à Athènes. Nous avons fait connaissance là-bas et passé deux belles soirées ensemble. Le genre de rencontres qui me font dire qu'il est possible de rencontrer des gens sains, sympas, désintéressés.

Malgré tout, je sais qu'aujourd'hui, et là aussi pour la première fois de ma vie, je ne suis plus dans l'optique de me mettre en couple à tout prix. Je veux m'éclater, profiter de ma liberté et faire des rencontres sans penser au lendemain, sans imaginer la suite. Juste saisir les énergies positives. Vivre des choses vraies, même de façon éphémère.

Je ne dis pas que je ne trouverai jamais le grand amour, avec un grand A. Et je n'exclue pas d'avoir quelqu'un dans ma vie. Mais chacun chez soi, en se donnant de l'air et en partageant les meilleurs moments, des voyages, des dîners, des week-ends...

Je sais donc aujourd'hui dans quelles conditions et dans quel cadre je pourrais m'épanouir auprès de quelqu'un. Je ne veux pas d'une vie à deux traditionnelle, avec des enfants et un toit commun. Vivre des moments de vie avec quelqu'un, oui. Mais pas dans la routine des couples traditionnels, faire à dîner pour quelqu'un, supporter ses ronflements au lit, etc. Je ne veux pas de mec dans mes pattes. On nous fait croire que la recette du bonheur, c'est un mari ou une femme, des enfants, un chien et une maison, mais non ! Cette vie que les familles que j'interviewe pour mon émission Baby Story me racontent, c'est tout ce que je veux fuir ! Parce que derrière les jolies stories instagram et cette vie de famille qui semble parfaite, il y a beaucoup de souffrance et de mal-être. Beaucoup de gens sont en burn out, s'embrouillent avec leur conjoint, et subissent leur vie, parce qu'ils ne l'imaginaient pas autrement que ce à quoi la société les a formatés.

Ma conclusion, et c'est là où j'ai aussi beaucoup changé sur ma façon de voir la vie, c'est que ne pas être en couple n'est pas un drame, ce n'est pas une fin en soi. C'est aussi à travers ma réflexion sur la vie amoureuse et après avoir pris le temps de me recentrer sur moi-même que j'ai identifié comment je me sentais heureux au quotidien. De quoi ai-je envie ? Déjà, de ne rendre de compte à personne. De ne pas savoir de quoi demain sera fait. De me réveiller un matin et prendre un billet d'avion pour l'autre bout du monde, sans avoir à me demander si j'ai une vidéo à sortir impérativement ou si mon mec va me faire la gueule parce que je m'échappe encore une fois en voyage.

Si je devais donner un conseil, notamment à ceux qui me demandent souvent « comment faire pour être heureux ? », je dirais que c'est d'arrêter d'être dépendant affectivement des autres, c'est d'arrêter de vivre en fonction des autres et de ce pour quoi la société nous formate. S'écouter, prendre soin de soi et se recentrer sur son propre bonheur en identifiant réellement ce dont on a envie dans la vie. Et ne laissez personne penser à votre place, vous mettre plus bas que terre, vous rabaisser. Ne doutez pas de vous ! Ne baissez pas les bras si on vous harcèle ! Des solutions existent ! Déposez des plaintes, parlez à vos proches, ne restez pas seuls ! Je le dis souvent, c'est mon slogan : vous êtes formidables, uniques et exceptionnels. Si je me suis remis de tout ce que j'ai subi ces dernières années (ou presque, *work in progress...*), vous pouvez le faire ! Ah oui, faites aussi attention à ce que vous publiez et relayez sur les réseaux sociaux. Sans vous en rendre compte, vous pouvez devenir des harceleurs, des bourreaux ou participer à des cabales. Et donc être complices de harcèlement. Faire attention aux autres, c'est aussi prendre soin de soi.

Moi, de mon côté, je vais poursuivre sur ce nouveau chemin que je commence à tracer, fidèle à mes convictions, mes valeurs et en respectant les autres. Je vais continuer à me battre contre le cyberharcèlement. Je vais continuer à avancer, avec ceux grâce à qui je suis toujours en vie aujourd'hui : VOUS. Je vous remercie profondément de ne jamais m'avoir lâché. Vous m'avez énormément aidé, sachez-le. Je ne vous abandonnerai jamais. Car grâce à vous, à votre amour, je suis un survivant. Un survivant des réseaux sociaux.

Une fois que tu as terminé ce livre, envoie-moi un message, un commentaire sympa sur les réseaux sociaux. Dis-moi ce que tu en as pensé. C'est mon plus beau cadeau, le meilleur des retours. J'ai hâte de lire (pour une fois !) des choses positives sur internet !

Si tu es victime de harcèlement, viens en parler sur ma plateforme anonymement :

http://harcelement.online

Et si tu n'en es pas victime mais que tu as aussi envie de venir aider ceux qui souffrent, lire leur témoignage et y répondre, on t'attend aussi !